ブレん人

BURENHITO

呂布カルマ

はじめに

僕の本を作りたいという話を出版社の方から頂いたときに、僕はひとつ条件を出した。それは、この本を呂布カルマの「自伝」にしないことだ。

芸能人の本と聞くと、その人の裏側や内心の葛藤が見えるような自伝を想像する人が多いだろう。特にラッパーの場合、特殊な生い立ちや人生を送ってきた人が多いので、自伝が多い。しかし、僕は自伝を書く気はない。

なぜなら、僕はこれまでの人生において語るほどのものがないからだ。僕はいまも昔も、勝手に自分のやりたいことをやっているだけでしかない。苦労や葛藤がないから、それを聞いてほしいという発想にならない。

元ヤンでもなければ高学歴でもなく、一般的な家庭で両親の愛を受けて育ったごく普通の人間。その点で、僕はこの本を手に取ってくれたあなたと何ら変わらない。仕事をしてお金を稼ぎ、家族を養い、日々を生きている普通の人間だ。

最近、少しばかり注目を浴びるようになって、なにやら特別な人間だと思われている節があるが、いまはたまたま僕にスポットライトが当たる順番が回ってきただけだろう。

特別か特別でないかを考えること自体、あまり意味がない。秀でていようが劣っていようが自分は自分だ。SNSで人生相談をされることもあるが、僕からすれば、みんな「病んでいる」ように見える。

人によっては自己啓発本や占いなど、心のカンフル剤になるような拠り所は重要な存在なのだろう。その考え自体は理解できる。その意味で、僕の本が多少なりとも誰かの役に立つのならそれは良いことだ。

だが、僕は気ままに楽しく生きていて、特にストレスがないので、自己啓発本や占いに人生の解決策やヒントを求める人の気持ちは分からない。そもそも本はあまり読まない。

なにか自分で問題を作って頭を悩ませている人は、それが楽しいのなら全然いいが、辛いなら、とっとと酒飲んで寝たほうがいい。

特別に秀でている能力があるわけではないが、誰よりも自分に素直に生きている自信はある。本という形で自身を表現するとしたら、自分にとって最も楽な状態でいるために僕が考えていることを紹介するのが自分らしいと思うに至った。
人生哲学というと大袈裟だが、僕のマインドや頭の中を見てもらうことで、肩の力を抜いて楽に生きていくためのエッセンスにでもなればいい。その思いが半分だ。
なぜ半分かというと、もう半分は自分のためだから。僕は自分のアウトプットしたものが好きだから、いまの呂布カルマが考えていることを一冊にまとめたものを見てみたい。そんな自分のエゴだ。

僕の考えは、自分に素直にそのときやりたいことをやるという一点。やがてその考えはヒップホップに出会って、ラッパーになったことでより一層強固になった。作品を残したりライブをしたり楽しいことばかりしていたら、いつの間にか最近ではＴＶに出て芸能人のようなことをしている。人生なにが起きるかわからない。でも、僕は一切変わっていない。自分に素直に生きているだけだ。

基本的には思っていることを書き連ねているだけで、いつもの僕と何ら変わらない。とはいえ、書いてあることはすべて僕の本心だから、けっこう面白いんじゃないかな。そんな感じで楽に読んでもらえれば幸いだ。

contents

contents

第3章 三嶋裕也が呂布カルマになるまで

第4章

呂布カルマ的ヒップホップ論

第 1 章

数々の前代未聞

ディベートで僕が勝てるワケ

「呂布カルマ」という僕の名前は、アーティストとして、ラッパーとして、MCバトルのバトラーとして、ACジャパンのCMに出てきた柄シャツとサングラスの兄ちゃんとして……など、色々な経路で知ってくれた人がいるだろう。最近はディベート番組、特に**「ディベートでひろゆきに勝った男」**として僕に興味を持ってくれた人は多いだろう。

そもそも、僕はディベート自体まったくやる機会も経験もなかった。MCバトルでの実績を買ってくれたラッパーのダースレイダーさんが、ABEMAで放送していた「NEWS RAP JAPAN」という時事ネタをラッパーがフリースタイルでディベートする番組に僕を呼んでくれたのがすべてのキッカケ。それがすごく面白かった。

ラップで互いをディスり合うMCバトルとディベートとの大きなちがいは、やはりその「構造」だろう。MCバトルは結局のところ、どこまでいっても「俺のほうがやばい」「お前は俺より劣ってる」という論調だ。

ディベートはどちらかのポジションに立って、その論点に対して「賛」を補強したり、「否」側の穴をついたりする必要がある。そうすると、自分の中で「なぜそう思うのか」という問いに対する理解が深まるし、相手の論点の粗を探さないといけない、また自分も突っ込まれないような語彙や話の展開に気を配る必要がある。

ただ、自分がすごくロジカルにやっているかといわれれば、実はそうでもない。弁論部に入っていたとか、ディベートをガチで勉強した経験はない。そもそも、自分がやっているのは「ディベートごっこ」だと思うし、ディベートが何たるかなんて、僕自身まったく分かっていない。

でも、ロジックが苦手な人でも**「感覚」に訴えかけられるような話し方ができれば、勝てる**。例えば、ひろゆきさんはディベートのときに、自分でパソコンで色々調べて、それに基づいて話をするが、聞いている人はその情報を共有しているわけではないから、実はその情報に説得力はない。それよりも、自分自身の考えに基づいて喋って、オーディエンスに響くように、感覚に訴える話し方ができれば、それが正解だ。

対ひろゆきさんのときは僕がチャレンジャーとしてテーマを持っていった。そのテーマは「ラッパーに倫理観は必要か」。僕は基本的にラッパーに倫理観は必要ないと思っている。特に表現においては、倫理を取り去った先の表現のほうが絶対に面白い。

ただ「ラッパーに倫理は必要ない」とする側の論理にも穴はあるし、それを感じるときもたくさんある。「それがヒップホップだから」で納得させられるのは、ヒップホップに理解がある人間だけだということは理解している。一歩その外側に出たら、その感覚は絶対に通用しない。だから、もし論破王のひろゆきさんが、「ラッパーに倫理観は必要ナシ」の側に立って、僕が「アリ」の側に立って話したら面白いんじゃないかと。感覚的なテーマを理論武装最強のひろゆきさんにぶつけてみたかった。

そもそもの話をすれば、どんな物事にも、戦争でさえ対立する側同士の言い分や立場、主張があるわけで、どちらかが絶対に正しく、どちらかが完全に悪いという事柄は、基本的にはない。逆にいえば、絶対に自分が譲れない主張以外は、どの立場に立っても話せる。

そしてそれは相対的に物事を見て、総合的に判断する訓練にもなる。

とはいえ、自分が絶対に譲れないものなどは、基本的にはない。他人に何かを押しつけるような気はないし、他人が自分の考えを完璧に理解できるとも思わない。そして「俺はこう思う」を、「それがルールだ」とか「世界はこうだから」みたいな世間一般の常識として捉えていない。

むしろ、自分だけの判断を自分に見えている世の中と結びつけたり、一般化して混同してしまって、「世の中けしからん」とか「あいつはおかしい」などと糾弾するほうが危険だ。ひろゆきさんの代表的ないい回しの「それはあなたの感想ですよね」という表現が、核心を突いている。ちゃんと「自分の考え」と「世間一般」を客観的に考えて切り離さないと危ない。

まさかのACジャパン起用

ACジャパンの「**2022年度全国キャンペーン：寛容ラップ**」に起用されたのが2022年の7月。話を頂いたときは「呂布カルマをACの広告に起用するの⁉」と普通に笑った。

実はあの話を頂いたのは、僕のSNSが軽く炎上した直後のこと。色々な方面からガンガン叩かれたけど、案件がキャンセルになったりもしなかったし、大きなプロジェクトを動かすような人は、そういった少しの炎上などで安易に判断せず本質的な部分を考えていることに改めて気づく機会になった。

SNSでどれだけ叩かれても、そいつらは何の影響力もないんだから、いわせておけばいいと再認識した。

あのCMをキッカケに自分の認知度はすごく高まった。当然ながら、自分がいままで届かなかった層からの反応も大きかった。しかも、内容自体も足元からカメラが上がっていって、僕の顔が映るという構成だったから、その絵面には自分でも笑ったし、その面白さが伝わったのであろう。

あのラップのリリック（歌詞）は自分で書いた。もちろん、「**たたくより、たたえ合おう**」というコピーはACジャパンの提示であって、「こういう方向性で進めたい」「ディスらないで相手を受け入れる内容で」という提案や骨子となるやり取りがあるのは大前提で。

そのうえで、その内容をどういうリリックに、どうラップするのかは、かなりこっちの裁量に任せてくれた。結局、そうでなければ自分が出る意味はない。

相手のおばあさんのラップも書いたし、レコーディングにも立ち会った。でも最初はスナックで歌う感じというか、なんか艶っぽい歌い方になっていたから、「ん〜、もうちょっと抑えてみましょうか、その色気」なんてディレクションも。

正直、CMを制作してから放送されるまでの間は、「どう受け取られるんだろう」という不安が大きかった。ラップがCMに使われるときには、無駄にコミカルだったり、逆にめちゃくちゃ強面だったり、極端に誇張されたものが少なくない。

いわゆるラップリスナーが考えるラップとは異なる表現が落とし込まれて、それに対して自分もネガティブな気持ち、要は「ダッサ！」みたいに思うこともある。ACのCMは撮影の段階でそういうものではなかったし、チェックでもそうじゃないことは分かっていたのだが「CMの視聴者」という不特定多数の人が、このCMを見たときにどういう反応をするのかはやっぱり未知数だった。だからラップの内容はともかく、パッケージとして「叩かれるかもしれないな」という覚悟はしていた。

でも、実際に放送されてみるとかなり好評で、色々あって想定していた以上にたくさん流れたのもあり、様々な方面からも取り上げられホッとしたというか「世の中チョロいな」と。そして「これがそんなに受け入れられるの？　**世の中のツボは分からんな……**」と不思議に感じたのも正直なところ。

ただ、あのCMに対する「呂布カルマってすごく思いやりのある良い人なんだ！」という反応には、正直あきれた。案件だからそういう内容を書いているのであって、あの内容が自分の表現したいことではないし、あのキャラクターと呂布カルマを同一視されても困る。

でも逆に「ラップであんないいこといいやがって」「ＡＣのＣＭに出やがって」というリアクションをするやつも馬鹿だ。僕はおばあさんがレジで手間取っていたら待つし、それを許容しないやつらが多いからこそこういうＣＭで啓発しているのに。

世の中をもう少し良くするために、「ゆとりのある優しい気持ちを持ちましょう」というのは、なにも間違っていないし、それすら伝わらないやつがいるということには正直驚いた。

だから、世の中って面白いなと思うと同時に、がっかりした。とはいえ、そうやって「世の中のツボ」「不特定多数の衆目にさらされたときの反応」が分からないからこそ、ＡＣジャパンのＣＭも含めて、色々なことにアプローチすることの意義を感じる機会だった。

バラエティってぶっちゃけ

最近はバラエティ番組にかなり呼んで頂いて。本当に……めっちゃ楽だ。音楽だったらトラックを選んで、歌詞を書いて、スタジオに入って、ラップを録って……という膨大な作業があるし、ソロラッパーだから、ライブはひとりでお客さんと対峙しないといけない。でも、テレビ番組はみんなで作っている中のひとりだから、極端なことをいえば、僕は喋らなくても問題ないし、実は何の責任感もない。僕は素人だ。**上手くやる必要もないし、しようともしていない**。

ラッパーとして飯が食えている以上、何とか爪痕を残したり、「ここでなんとしても松ちゃん（松本人志さん）に気に入られて、次に活かさないと！」といった色気もない。本当に、社会見学に行っている感覚。

しかも、事務所やプロダクションに入っているわけでもないから、規制もないし、誰に怒られることを気にする必要もない。そういう部分でもおそらく使い勝手がいいんだろう。客観的に見て、キャラクターは立っている。そのキャラクターを分かったうえで声を掛けてくれているから、僕自身も**「自分らしく」あればなにも問題ない**。

こちらがなにかキャラを作ってそれを演じているわけではないし、いつもの「呂布カルマ」を向こうが求めて、それを番組に当てはめてくれるから、本当にまったくストレスがない。いつも通りの発言やコメントでいいのなら、これほど楽なことはない。それに、もし怒られたり、「こういうキャラを演じてください」といわれたら、「無理です。じゃあ出ません」という判断が自分でできるのも大きい。「アーティストとしての呂布カルマ」は辞められないが、「テレビに出る呂布カルマ」はいつ辞めてもいい。

元テレビ東京のプロデューサー佐久間宣行さんのYouTubeの企画でグラビアアイドルと共演したのは、僕の人生のひとつのピークだった。だって、見たことのないレベルの肉体の人が、見たことのないサイズの水着で登場して、僕を競うように誘惑する。しかもそれでギャラまでもらえるだなんて。

しかもあれで僕がイケイケな感じで挑みかかったらちょっと見ていられないけど、「終始、照れてデレデレする」というコンセプトだったので、ギリギリ妻も笑ってくれるぐらいのラインで、完璧だった。

でも、バラエティは何でもかんでも出るわけじゃない。正直にいえばラップの番組であっても、その内容によってはお断りしているものもある。例えば、芸人さんやアイドルとラップしたり、音の出ない状態でフリースタイルする、タレントや俳優をディスってくれ、のような企画は全部断っている。

理由は……面白くもカッコ良くもないからだ。やろうと思えばできる。でもそこで「おお～」と思われても、結局猿回しみたいな芸と一緒で、一般の人には「本来のすごさ」は伝わらないだろう。だから、一発芸みたいな形でラップさせられる企画は全部断っている。

そういうラップのオーダーは、自分に対しても、ラップに対してもリスペクトがない。それは「自分以外の人におまかせします」と。だから、仕事はけっこう選んでいる。基本的には「僕が面白いと思うか」「ギャラがめちゃくちゃ良いか」「リスペクトがあるか」……そして「エロいか」。

やっぱり一番最初にくるのは興味。参加してみて「あ、これは自分には向いていなかったわ」ということも多々あるし、そういう場合は次から断ればいい。また、家族が見て不快感や、嫌悪感を抱かないかどうか。その意味では、表現者としては家族はひとつの枷ともいえる。でも自分は家族も家庭もあるうえで「呂布カルマ」なのだ。エロも少年漫画チックなエロならいい。パンツが見えて鼻血出すくらいの。でも青年誌とか劇画タッチのエロは、やっぱり笑えないので、それはお断りしている。

こういう話を口に出しておくのも大事かもしれない。これを読んでくれた人は、「じゃあ呂布カルマはこういうオファーなら受けてくれるだろうな」と判断する材料になるだろう。自分自身としても、どういうものだったら自分がやりたいのか、なにがNGなのかの理解が深まる。

自分のオモロイとモノの価値

僕は興味の持てること、**オモロイと思うことしかやっていない**。当たり前だが興味がなかったり、どうでもいいことはやらない。僕が興味を持てるオモロイことにお金がついてきているのがいまの状況で申し分ない。そしてお金になりそうで面白そうだと直感すれば、それを試してみるのも自分のやり方。

そのひとつが「**肉体広告**」。企業の広告をタトゥシールにして首元や前腕など露出しているところに貼り、自分を広告塔にしたことがある。プロスポーツ選手のパンツにスポンサード企業の名前や、広告が載るのは当たり前のことだ。相撲だって化粧廻しに応援してくれる企業の名前が入る。それをタトゥで行った。

ネットで肉体広告の募集を発表して、スポンサーを募り、条件が折り合ったクライアントの広告を肌に貼って、「戦極MC BATTLE」など中継や映像に残るバトルに出た。たしか、最初の案件は個人のコピーライターからの依頼だったかな。それも自分らしくていいんじゃないかと。

ＭＣバトルの動画は人気があり、YouTubeで１００万回再生されるのなんてザラだし、生中継の配信も活発だから、世の中の人の目にとまる機会が以前よりも格段に多くなっている。費用対効果はめちゃくちゃ高いはずだ。

それには「自分がＭＣバトルで人気がある」という条件が必要だけど、同じぐらい人気のあるラッパーもいるし、まだ人気がなくても僕と戦う機会があれば、同じように注目される。明らかにメリットが大きいのだから、みんなやればいい。だが、現状誰もあとに続かない。本場のラッパーの猿マネは得意なのに。

他にもアイデアがお金になった例としては、ＮＦＴで売り出した通称「例の木」。２０１９年当時、ＭＣバトル番組の「フリースタイルダンジョン」やライブ、メディアに出るときに、必ず木の棒を手にしていたのだが、あれは実はお花見で拾ったただの木だ。

めちゃくちゃ酔っ払って、かたわらに転がる木片を発見し、「この木を半年間、肌身離さず持ち続ける！」と宣言した。しかも言質を残すために丁寧にSNSで発信までしたが、翌日にはまったく覚えていなかった。

何で木だったかというと、当時、映画『バーフバリ』にハマっていた。あの映画では「木の仮面」が大きな要素として登場するから、「僕もなにか木のアイテムを」ぐらいの気持ちだったのだろう。酔っ払っていたし。

ただ、そう宣言した手前、それからライブやバトル、テレビでもずっと木を持ち続けた。宣言通り半年でやめようかと思っていたのだが、いつの間にか僕自身「木」に依存していたのか、楽屋に置き忘れたら不安になってライブの途中で取りに戻ってしまうぐらいになっていた。結局1年ぐらい持っていたのだが、コロナ禍で露出が減ったタイミングに乗じてやっと手放すことができた。ただ、不思議なもので木を持ち続けていると、みんなそれが気になるようでいつしかその木が有名になっていき、クラブなどでは「胸に挟ませてください」なんていう女性まで現れた。MCバトルでも取っ掛かりになったし**コミュニケーションツールとして有能だった。**

ただ流石にいつまでも持ち続けるのも芸がない。かといってわざわざ捨てることもない。欲しがる人も何人かいたが、はした金で売ってしまうのも惜しいので、3Dスキャンして NFT として電子化し権利を売り出すことにした。そうしたらそれが何十万円にもなった。我ながら面白いことになったものだ。公園で拾った木なんて、本来は無価値なもの。

でもそれをずっと携帯し、ライブやメディアに登場させ、話題にしたことで、それが価値を持った。ゼロから価値を創り出した。しかし、それを始めた時は、こんなことになるなんて、つゆほども想像していなかった。

でも、それは自分自身にもいえる。呂布カルマを名乗り始めた当初は何の価値もなかった。しかし作品を作り、ステージに上がり、MC バトルで勝ち続けることで、どんどん「呂布カルマとしての価値」が上がっていた。

0点三昧、クビ？ 気にすんな

学生のときはめちゃくちゃ劣等生だった。小学生の頃は教卓の横に机をつけられて、ずっと監視されていた。中学・高校時代も勉強はできないし、スポーツも苦手、提出物もどうしていいか分からない、女にもモテない。学校というシステムの中では、かなりの落ちこぼれタイプ。ただ一方で、勉強ができるようになりたい、スポーツが上手くなりたいと願ったことはなかった。女にモテなくても良い……は嘘だけど、でも童貞だったし、実際に恋愛する、モテることが自分の中でまったくイメージできないから、別にモテないことも苦にならなかった。

コンプレックスはゼロではない。なんで自分には普通の人ができることができないんだろうなという違和感も当然あった。ただ一方で、幼い頃から漫画家を目指していて、絵も漫画も学年の中ではぶっちぎりで上手かった。友達が描くものとはレベルがちがった。

自分の得意な「とにかくこれは誰にも負けない」ということがあったので、**他のことができなくても気にしなかった。**だから、本当の意味でのコンプレックスは感じていなかった。数学とか英語はテストで0点を3回くらい取ったらなにも感じなくなって、こういう克服の仕方があるんだと気づいた。

半端に勉強したり、ちょっとでも準備して0点だったら流石にショックだっただろうが、もう最初から勉強もしなかったし、0点を取りにいくぐらいの気持ちだったから、もはや0点を取ることはなにも怖くなかった。

テスト用紙に名前だけ書いて、答案用紙の裏にめちゃくちゃ勃起したチ○コをドでかく写実的に書いて提出したことがあった。テストは0点、裏のチ○コにはドでかく書いたチ○コを塗りつぶすぐらいデカいバツが、さらに「減点です」と書かれていた。あの高校で試験の点数でマイナスを取ったのは僕だけであろう。

でも結局、大学へも絵で行けたし、勉強ができなかったことは何の問題もなかった。

そして芸大に行ったら、それまでの学校生活でやらされていたこと、苦手だと思っていたことのほとんどをやらなくて良くなって、自分の得意な絵だけ描いていれば評価されるという世界が広がっていた。そこでコンプレックスがさらになくなって、自分に対する自信も深まり、完全に心が自由になったわけだ。

やはり学校、特に義務教育は、良くも悪くも周りと同じことをやらせる。それは協調性を学ばせるが、同時に他人と比較することになり、勉強が苦手、足が遅い、提出物の期限が守れないようなタイプの人間には、本当は感じなくてもいいようなコンプレックスを植えつける機能を果たしている部分がある。

大学を卒業してからはフリーターを経て、サラリーマンもやったが、謙遜でも何でもなく仕事ができたとはいえず、最初の会社はクビになった。でも、同時にラップもやっていたから、「俺にはラップがあるし」とクビになったことも全然気にしなかった。いわゆる「普通に働く」みたいなレールからは外れるかもしれないが、もともと漫画家という自由業に憧れていたので、そのレールから外れることは怖くなかった。

結局、苦手なことを無理してやれるように頑張らせるから「できない」と劣等感やネガティブな感情を持つし、もし努力してできるようになっても、無理していればストレスを感じる。そしてその不得手なことを克服したばっかりに、その方向に進んで、本当は不得意なことを一生やり続けている人もいるように見える。でも、それよりも単純に自分の得意なこと、できることを見つけて、そこに進んだほうが健康的だ。

もちろん、努力できるというのは素晴らしいし、それも才能。だから努力を否定する気はまったくない。でも、僕は**「努力」ができないし、努力の才能がない**。準備したり練習したり、「できるようになるために頑張ること」がそもそもできない。だから得意なことしかやらないし、得意なことだから失敗もしないし、できないことに対してコンプレックスも生まれない。

世間は「やればできる」「努力すれば叶う」とかいいがちだが、努力にも才能が必要で、その才能がない僕みたいな人間もいる。で、そういうやつの一発逆転が、ラップだったりアートなのだ。僕はそれを早い段階で見つけられたから、本当にラッキーだった。

呂布カルマって何者？

職業：ラッパー

本名：三嶋裕也
年齢：40歳（2023年6月時点）
出身地：兵庫県西宮市
身長：177cm

最終学歴：私立名古屋芸術大学　卒業

将来の夢：**全身サイボーグ**

最終、そこに行き着きますよね。最初は関節から始めて、
人間年齢 70 歳の頃には全身カスタム。

LIKE：

家族・子ども

子どもはいいですね。
打てば響くし。
どっぷりハマっています。

虫

工業製品のような
造形美に
気づいてからはもう
夢中です。

グラビアアイドル

発掘したグラドルを
Twitter にアップしているんですが、
mixi からのライフワークです。

DUNLOPのスニーカー

機能性が高くて
リーズナブルで最高。
実は公認大使もやっています。

漫画

『シュガー』
『キーチ !!』
新井英樹先生の作品です。
天才の幸福と不幸について
考えさせられます。

映画『バーフバリ』シリーズ

壮大な世界観と
アクションが魅力のインド映画。
人生一番の映画。
もうギンギン。

小説『死にたい夜にかぎって』

爪切男（扶桑社）、

『蒲田行進曲』

つかこうへい（KADOKAWA）

小説はあまり読みませんが、
この 2 つは好きです。
男のブルースを感じますね。

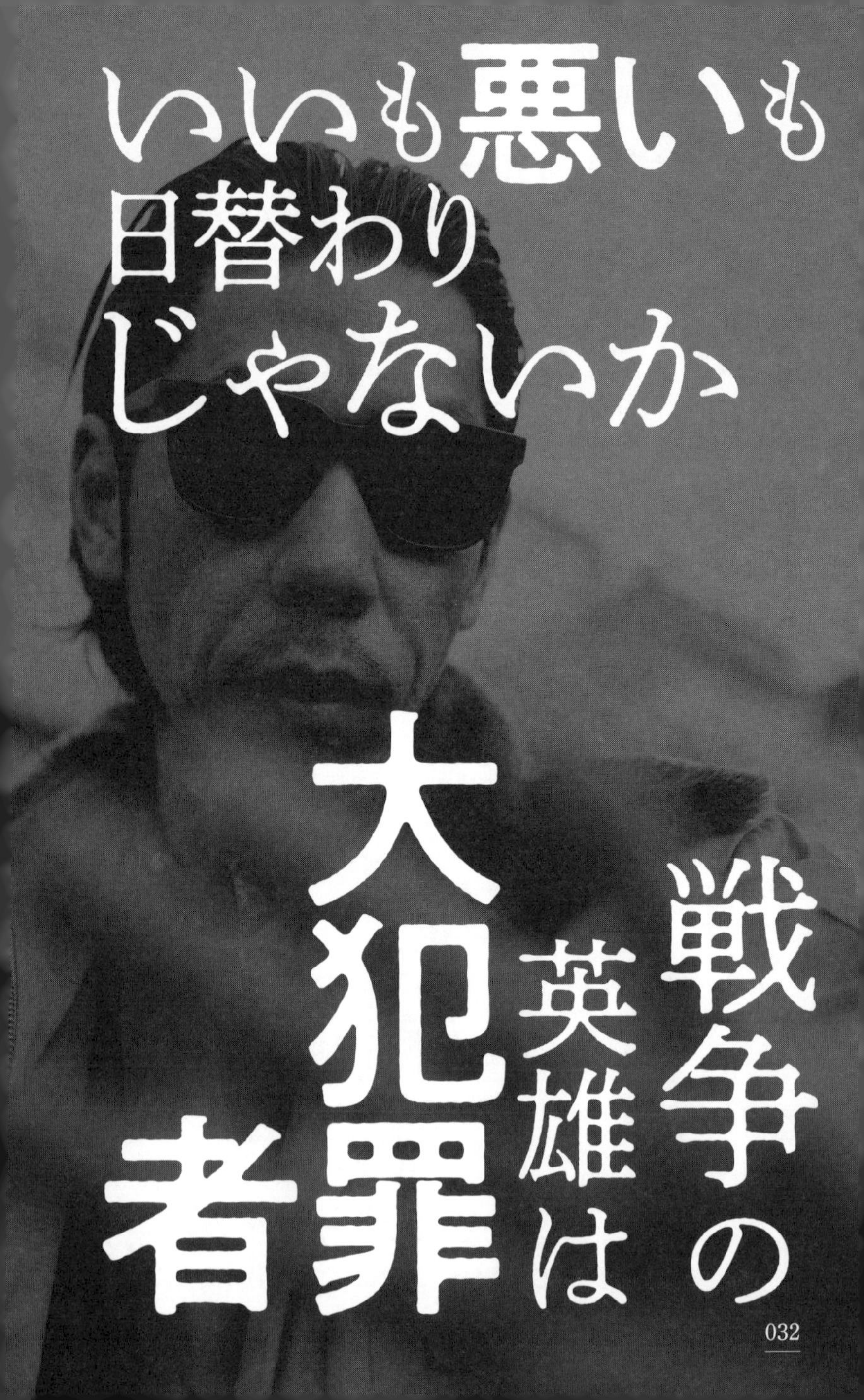

いいも悪いも日替わりじゃないか

戦争の英雄は大犯罪者

第2章

俺の頭の中

自信に根拠と説得力はいらない

1章でも述べたように、僕は**学校では劣等生だったし、人よりできないことが多かった。**

でも、僕は自分にずっと自信があった。「揺るぎない自信」が心の中に存在している。

若いうちに音源も出して、ライブもやって、レーベルも運営して、イベントも打って、バトルでも優勝した。だから、たいていのやつらになにをいわれようが、ショックを受けたり、食らうような活動はしていないし、「どの口がいってんの？」と完全に受け流すことができる。僕には刺さらない。

例えばバトルで「お前の音源ダセえな」といわれたとして、僕は自分の音源に自信があるから、「お前の音源より俺の音源がイケてる」と返せるし、そんな言葉は右から左に抜けていくだけだ。

自分がちゃんと経験を重ねているから、自分という幹が太くなり、誰になにをいわれてもブレないという自信がある。でも経験以上に、その幹の中心には「根拠のない自信」がある。**理由も説得力も必要ない。完全なる「根拠のない自信」が、自分の中心にある。**そして、その**「根拠のない自信」こそが本当の自信**なのだ。

何らかの根拠に由来した自信は、本当の自信ではない。その自信は、根拠がぐらついたときに、揺らいでしまう。例えば「金を稼いでいるから自信がある」という人は、稼げなくなったらその自信は喪失するだろうし、お金がなくなって人が離れれば、その足場もぐらつく。そもそもお金という概念を評価の基準にしているわけで、自分そのものを基準に評価しているわけではない。

同じ論理で「女にモテるから自信がある」というやつは、モテない他の男と比べて優位に立っている自分を評価しているに過ぎない。でも、女にモテなくなったら、女が離れていってしまえば、自分よりモテるやつが現れたら、その自信は揺らいでしまう。

僕だって、前述したようなMCバトルの経歴や、音源の質だけを「自信の根拠」にしていたら、もしMCバトルで勝てなくなったなら、音源の質を疑えば、その自信は揺らいでしまうだろう。だけど、これまで積み上げた実績以前の問題として、僕は自分に自信があり、その**自信には根拠がないから、揺らぐことがあり得ない**。

自分のありのまま、何でもない自分自身を評価しているから、その評価がブレることは決してない。**本当の意味での自尊心が根底にある**のだ。比較したり、なにかを理由にして自分を愛するのではなくて、「そもそも自分はすごい」と確信している。だから自信を持って生きていられるし、それがポーズや虚勢ではないから他人にも伝わっているのだろう。MCバトルで強いのも、切り返しの上手さや、ラップスキルという以前に、自尊心の強さが大きな理由だろう。

その根本は両親にある。身も蓋もないけど、両親は僕が子どもの頃からちゃんと愛してくれて、愛情を受けて育った自覚がある。「人間がそもそも持っている自尊心」をくじかれず、ほめてくれる両親の言葉を真に受けて育った。だからこそ、学校では劣等生でも得意な漫画に自信を持って、それを伸ばすことができた。

ラップも別に親が評価してくれたわけではないが、育まれた「揺るぎない自信」に基づいてのびのびと続けてこれた。

その感覚の大切さは自分が親になったいま、より強く感じる。子どもは何でもできると思っているもので、その可能性をくじかないように育てたい。そういう感情をヒップホップがより促進してくれた。

ヒップホップは「自分はすごい」「自分がカッコいい」を誇る文化だし、自己肯定的な部分が強い。僕にとっても「自分は自分のままでいい」ということを改めて気づかせてくれた概念だし、その考え方がヒップホップを通してより強固になった。

もちろん、色々と生きるうえで不自由や大変なことはある。でも、「まあ、それもそれでいいんだな」とポジティブに捉えられるのは、根本的な「根拠のない自信」があるからだ。

どこまでもポジティブに生きろ

僕は「根拠のない自信」と同じくらい、ポジティブでいることを大事にしている。「**自分ほどポジティブな人はいないのではないか**」とさえ感じている。それくらい僕は人生を楽観的に捉えている。

「自分はポジティブだ」と自己評価している人の中には、ポジティブというよりは、一時的にテンションが上がりハイになっている状態をポジティブと表現している人もいる。そのような人と比べると、僕はハイに偏ったり、ローに偏ったりすることがない。その意味で、僕ほど安定して常にポジティブな人間にはまだ出会ったことがない。

ポジティブなのは子どもの頃からだ。思春期ど真ん中の中学生のときは、スピッツやThe pillows、ブランキー・ジェット・シティの楽曲を好んで聴いていた。これらのバンドは、とてもナイーブで繊細な世界観の歌詞が魅力だ。

僕の中に、彼らの楽曲の世界観のような繊細さやネガティブな感情がないからこそ、強く惹かれた。彼らの作品と同様に、僕の楽曲や歌詞の世界観はナイーブといわれることがある。だから、僕の楽曲を聴いてくれている人は意外に思うかもしれないが、呂布カルマそのものはポジティブな人間だ。

「根拠のない自信」と一緒で、なにか具体的なキッカケや理由があってポジティブになったのではない。子どもの頃から「すべてが上手くいく」という気持ちが常に心の中にある。しかも、実際に上手くいっている。もちろん失敗することもあるし「こうすれば良かった」と後悔することもある。それでも基本的には、すべて上手くいってきた。**結果オーライ**だ。いまだに**明確な失敗や挫折を感じたことがない**。

僕が漫画家を目指して芸術大学で絵を学んでいたことを知っている人は、漫画家になれなかったことは挫折ではないのかと疑問に思うかもしれない。しかし、僕にとって漫画家にならなかったことは挫折ではない。漫画を描くことに飽きて、僕にとって漫画より面白い、ラップという表現を見つけて選んだだけだ。もし今後気が変わったら、また漫画の道に進むかもしれない。漫画家になる可能性が残されている時点で、それは挫折ではない。

僕のポジティブさの根っこには、「幸運と不運はバランスの問題」という思想がある。**アンラッキーのあとには、お釣りがくるようなラッキーが必ず訪れる**と思っている。それはただの感情論ではなく、人類の歴史が証明している。

太古から現在に至るまで、恐竜や多くの生物が絶滅した。絶滅を例にすると分かりやすい。アンラッキーなできごとだ。しかし生き残った生物にとってはどうだろう。多くの種が絶滅したからこそ、残った種は進化を遂げ、繁栄した。生き残った生物の視点で見れば、ステップアップするキッカケになったラッキーなできごとだといえるのではないだろうか。

もしも、アンラッキーのあとにラッキーは訪れないのならば、絶滅というアンラッキーな結末のまま人類の歴史は終わったはずだ。アンラッキーとラッキーが連続することこそが、この世の摂理だと僕は思う。

この摂理を前提とすると「どこで線を引くか」が大事になる。例えば、車に撥ねられて軽傷を負ったケースを想像してほしい。ケガをした時点に線を引けば、アンラッキーなできごとだ。しかし、ケガをしたことで保険金が山ほど下りたらどうだろう。入院先にめちゃめちゃエロい看護師がいたらどうだろう。その時点に線を引けば、轢かれて軽傷を負ったことはラッキーだったといえるだろう。

成功と失敗に対しても同じことがいえる。成功する過程で起きた失敗は、成功までたどり着けば失敗ではない。失敗は成功の母だ。逆に成功したあとで没落したら、「成功なんてしなければ良かった」と思う可能性もある。

悪いことが起きたら、その時点で線を引かないことが大切だ。起きてしまったことに対処しつつ、その後、**良いことが起きたタイミングで線を引くようにする。そうすると、人生にはラッキーと成功しかない**。自然とポジティブな思考になる。

練習なんかしなくていい

僕は努力をする才能がないと述べた。同じように、**準備も、とにかく苦手**だ。準備、用意、後片づけ……本当に苦手で、自分にはすごくハードルが高い。だから、前もって練習することもできない。ラップの練習もしたことがないし、MCバトルのスパーリングも、ライブの練習もしたことがない。練習やリハーサルによる成功体験がないから「練習をしないと怖い」と思ったこともない。

練習とは「本番で自分を大きく見せたい」「誰々っぽくなりたい」「自分を良く見せたい」からやることだ。でも自分の場合は、例えばライブだったら、自分の書いたラップを自分の表現でやるだけだから、そこに練習は必要ない。練習する意味が分からない。

そもそも、**ライブなんて失敗してもいい**のだ。「ライブでの失敗」など別に失敗でもなんでもない。それは「ライブだからこそ起きること」だと思えばいい。それに、まったく一言一句噛まずに、音源みたいに完璧な再現をするようなライブを、誰も僕に求めていない。

だから、失敗も怖くないし、いくら噛もうが、タイミングを外そうが、全然平気だ。酒を飲み始めたって、途中で悪態つき始めたって、挙句の果てに途中で寝ちゃったっていい。さすがにそこまでめちゃくちゃなライブはやったことがないけど、それが自分のライブだと思えるクオリティなら、そしてお客さんが喜んでくれるなら問題ない。

ちなみに、噛んだときの言い訳のバリエーションは無限にある。そこで沸かすことだってできる。「羽生結弦だって四回転失敗するんだから、俺だって噛むわ」といったら大盛り上がりしたときもある。それに毎回練習して、完璧に準備して、それをライブで人に見せることのなにが面白いんだろう。僕は飽きてしまう。「これもうやったことあるわ」って。

一日中ライブの練習をしていたら、ラップ自体がしんどくなると思う。それは自分がいまほど技術がなく、ステージ慣れしていない時期から同じだった。

僕は当然だけど自分でリリックを書くし、自分の曲をめっちゃ聴く。自分のファンだから、リリックは完全に頭に入っている。そして、ライブを始めたての頃なんて、持ち時間10分とか15分、3曲ぐらい歌ったら終わりだった。「練習する必要が果たしてあるのか」と思っていた。だから昔から練習はしなかった。

曲やトラックが途中で切り替わったり、集団MCだったり、ライブの構成を細かく作り込んでDJとセッションするという形だったら、もちろん練習は必要だろう。でも、自分の場合は、ひとりで曲を頭からケツまで歌い切るスタイルだから、そういう構成上の練習もいらない。バンドと弾き語りのちがいのようなものだ。バンドだったらメンバーと合わせるために練習が必要だが、弾き語りなら自分が「できる」と思えば、それで問題ない。

もしも、武道館でワンマン、2時間のソロライブを大ホールでやるなどの大舞台なら、さすがに練習が必要だろう。でも、**そういう大舞台への憧れは一切ない**し、武道館でワンマンなんて、準備や用意が膨大になる。単純に面倒くさくてゴメンだ。

それにそういう大きな場所を目標にして走る人は、「目標がないと走れない」「目標があるから表現する」タイプなのだろう。それは表現者として不純でさえある。

自分にとってはライブはふわっとできるぐらいが一番いい。ホールで全国ツアーよりも、ちっちゃいイベントやライブハウスに何本も出るほうがよっぽど楽しい。それが自分の性に合っている。そして、その**自分の性に合ったことを見つけて、形にしていくのが、最も大切にすべきこと**なのだ。

自分らしさってこういうこと

「柄シャツ」「オールバック」「サングラス」を呂布カルマらしさと思われることが多く、それがキャラづけだと思われがちだが、僕は**ラッパーになる前からこの格好**だった。「ラッパー・呂布カルマ」が誕生する前からこのスタイルが根本的な自分のアイデンティティだ。だから、「呂布カルマからこのスタイルが生まれた」のではなく、「**このスタイルから呂布カルマが生まれた**」。因果関係が逆なのだ。

一般的なラッパーのイメージの、いわゆるダボダボの格好や、キャップ、ジャラジャラのゴールドチェーンをつけるようなファッションには本当に興味がなかった。「何でそんなことするんだろう」と不思議に思ってさえいた。みんなそんな格好をしているのに、さらに自分でも同じ格好をしたら、完全に埋もれるのは目に見えている。だから、みんなと同じことを、自分を主張することを生業とするラッパーがやるのは意味が分からない。

僕はもともとこのスタイルだから、誰とも被らず、まずそこで注目を集めることができた。しかも、ありのままでいるだけだから、テコ入れする必要も、自分の中で辻褄が合わなくなることもない。自然体だ。

「らしいファッション」「らしい行動」をするのは、そこに憧れがあるからだ。そのロールモデルや世界に憧れた人が、自分がそうなるため、その世界に溶け込むために「らしい」に走るのだ。その人がカッコいいと思っているアーティスト、羨ましいと思っているラッパー、目指しているタレントがいるから、髪型でも服装でも真似するわけだ。

でも僕は、人に憧れること、羨ましいと感じることがほとんどない。**先に誰かがやっているものが魅力的に見えない**のだ。それよりも、人が持っていないもの、みんなが無視しているもの、多くの人に軽視されているものに興味が湧くし、自分はそっちに向かいがちだ。

だから僕が変なものを買おうとすると、妻に止められる。「そんなもの買う人、誰もいないよ」と。そうすると「だから俺が買うんでしょ」と余計に火がつけられる。

もともとの性分がへそ曲がりなのだろう。そして、そのへそ曲がりで天邪鬼な部分が「自分らしさ」「呂布カルマらしさ」につながっている。

それから、**反面教師をたくさん持つ**ようにしているのも、自分を確立するためには必要なことだ。「いいな」「素敵だな」と思うものより、「ダサい」「カッコ悪い」と思うものを見つけて、「それのどこがダメなのか」「なぜいいと思えないのか」を分析するほうが、自分にとっては有益だ。

「いいな」と思うことを、真似したくなる気持ちは分かる。

でもそうすると、結局その路線の何番煎じにしかならないし、オリジナルを超えるのは本当に難しくなる。だから、なにかカッコいいと思うものがあったら、「その線は潰れた」「もうその方向はできない」と諦める。逆に「ダサいな」「キツイわ」と思うものは、「その路線をやらなければいい」「あれをやったらダサい」という答え合わせの機会になる。

ダサいものはその地雷を踏まないように歩けばいいことを教えてくれる存在だ。

だから、ダサいライブのほうが集中して見るし、ダサい音源もよく聴く。教訓にするため、自戒とするために。

その見方は意地悪だ。でもそれを口にするわけではないし、SNSで書くわけでもない。

内心の自由だから、そこは許してほしい。僕にとっては、そういう考え方が「いかに楽に自分のままでいられるか」「自分らしくいられるか」ということにつながっているのだ。

ひとりを恐れるな

アーティストの活動を始めてからいままで、事務所やプロダクションに所属したことはない。いまもひとりで動いているし、マネージャーもいない。

もともと、ひとりでやるのが好きなのだ。友達はたくさんいるし、別に人間嫌いではない。だけど、予定を合わせたり、待ち合わせをしたりするような、**「人と一緒に動く」ことが苦手**だ。

バンドブームだった学生時代もバンドの曲をめちゃくちゃ聴いてはいたが、結局バンドをやらなかったのは、音楽の好みもあるが、「人と一緒に行動できない」「練習したくない」ということが理由として大きかった。

いま僕は事務所や会社的な後ろ支えもなく自分ひとりで活動している。そしてメジャーレーベルでなく自主レーベルで活動している。つまり完全にインディペンデントといえる。

インディペンデントでいることは、自分のアーティスト活動においてとても大切だ。

僕の発言が面白いと思ってもらえるのは、歯に衣着せぬ部分が大きい。そして、そういう発言はメジャーレーベルや事務所に所属していたら、何らかの制約を受けるかもしれない。

実際にアーティストが自分の発言によって舌禍を引き起こしたり、何かしらのトラブルになったときに、メジャーで、事務所に所属しているほうが、炎上が広がりやすく、言い訳も許されず謝罪させられている。

でも、僕の場合は自分の発言が炎上したら、それは自分の責任として反論するなり、さらに燃やすなり選べる。自分の判断で動かせばいい。スタッフや周りの人間からの「あれをしろ」「これはするな」はないから、**全部自分で決断し、自分で責任が取れる**。

そもそも、レーベルや事務所に所属して、その意向を汲んだり、会社が決めたサイクルに乗って活動することはアーティストにとって幸せなのだろうか。「こういう動きをしてください」「いついつにCDを出します」「次のリリースはこういう形態で」と決められて動くのは、もはやサラリーマンと一緒だろう。

僕は「こういう曲を一緒に作りたい」「こんなインタビューをしたい」という話をもらったとして、それをやるかどうかは自分で決めるし、ＯＫしたオファーを遂行するかどうかは、自分とその人との約束だ。友達との約束を破らないように、ＯＫしたならその約束は守る。でも、そのもっと手前の判断を自分でできるのは、とても精神的に楽なのだ。

そもそも僕が売れたのは30歳を過ぎてからだったから、それまでもライブのブッキングや制作、ギャラの精算などの基本的なことは、全部自分でやっていた。それが自分にとって普通のことだから、いまだにそれを続けているだけだ。事務作業などは本当に面倒くさく、請求書を書くことには向いていないが。

でも本気で集中すれば、月に1回、1時間で終わる。だから逆にみんななにをマネージャーにお願いしているのか分からない。たしかに、とんでもなく売れていれば事務所やマネージャーをつけていないと回らないかもしれないけど、僕ぐらいの売れ方でも必要ないんだから、僕より売れていないやつがマネージャーをつける必要性が分からない。

ギャラの交渉も同様だ。自分でギャラの交渉ができないラッパーは、実はけっこういる。

でも、それはめちゃくちゃフェイクだ。ラップであれだけ偉そうなことをいっているのに、自分のライブの値段や自分の音楽の金銭的価値を言葉にできず、マネージャーに交渉させるなんて、本当にダサい。

「俺はその値段ではその時間のライブはできない」「俺と音源を作るにはこれぐらいのお金がかかる」ということさえ説明できないやつが、ラップであぁだこうだいっても、まったく説得力はない。「マネージャーを挟んでください」とマネージャーを緩衝材にしたり、「マネージャーがついている自分」を演出するためにマネージャーをつけている人が多いのではないか。

そういう人はやっぱり音源もそれなりだ。「好きなことに制約をかけない」ためにも、**インディペンデントであることは大事だ。**

B-BOYの意味を知っているか

僕は自分のことを本来の意味での「B-BOY」だと自負している。B-BOYの「B」は、もともとブレイクダンスの「breakin'」の頭文字からきている。**「破壊する」「打ち破る」という意味**がそこには込められている。

そのような、ヒップホップの持つ既存の価値観を打ち破る部分に自分は興味を持った。「こんな自由な世界があるんだ」と感動して、ラッパーとしての活動を始めた。ヒップホップの自由さに魅力を感じたのは多くの人も同じだったと思う。しかし、みんなそこで止まってしまって、それ以上の自由を求めたり、自由という枠さえ壊すぐらいの気概を持つ人はほとんどいない。

逆に「B-BOYっぽさ」「ラッパーっぽさ」の枠の中に自分を入れてしまって、ラッパーっぽい格好をして、ラッパーっぽい言動をして、ラッパーっぽい考え方をするやつばっかりだ。そして、それまでのラッパーの生き方までなぞってしまう。

それは発想としてはサラリーマンと一緒ではないか。みんなと同じようなスーツを着て、所属する団体の考え方に染まり、周りにもそれを求めるのは、会社や組織に属しているのと一緒。だから「いわゆるB-BOY」の格好をしてるラッパーは、「ラッパーのコスプレ」「ファッションB-BOY」だ。

そういう人は、そっちのほうが楽なのだろう。スーツを着ればサラリーマンに見えるのと一緒で、「B-BOYっぽい格好をしていればB-BOY」と、自分を納得させられるし周りも勝手にそう捉えてくれる。

しかも、そういうやつに限って頭が固くて、「これがラッパーだ」「これがヒップホップだ」と他人を縛りたがり、自分と違う価値観の人間を軽視する。正直、考え方が狭いし、日本人的な考え方だ。

コスプレを否定する気はない。本気でそのコスプレが楽しいなら、それをやっていればいい。僕には関係がない。でも、それはコスプレであって、「オリジナル」ではないことを自覚してほしい。

コスプレなのにオリジナルを気取ったり、「**コスプレなのに偉そうな顔すんな**」と。だから、自分は「いわゆるB-BOY」「ファッションB-BOY」であった瞬間は、1秒もない。

本来の意味でのB-BOYであり続けている。それに、自分にはそのほうが楽だ。「B-BOYっぽい枠」に自分を当てはめて、そのコスプレをしなくちゃいけないほうが、よっぽどしんどい。

無理しないで自分が自分のままで評価されることが一番幸せだ。現状、それに一番近道なのがヒップホップだ。ヒップホップのコスプレじゃなくて、ちゃんとヒップホップに向き合えば、おのずと自分自身が武器になる。その個性が評価されて、より自由な存在になれるはずだ。

自分の存在以上のものを目指したり、依存するものがあると、そのコスプレになってしまいがちだ。でも、それは本来の自分とはちがうし、自分を殺すことになりかねない。

僕の中では**「見たことのないやつが本物」**で**「見たことのあるやつはコスプレ」**だ。オリジネイターこそ本物だし、本質的に他とちがうことに取り組み、人とちがう道を進んでいるからこそ、オリジナルになっていく。

完璧なオリジナルというのは、これだけコンテンツが飽和している世の中では難しい。重要なのは、その「調合具合」だ。なにをどれだけ混ぜるか、どう足し引きするかで、オリジナルは生み出せる。レシピをそのままやるのはコピーだが、レシピの調合を変えれば、それはオリジナルといっていい。例えば「ＣＯＣＯ壱番屋」のカレー。カレーというジャンルではあるが、オリジナルであり、だからこそ人気がある。

また、オリジナルならすべていいわけでもない。いくらオリジナルでもゴミみたいなオリジナルはあるし、オリジナルレシピでまずい料理もある。誤解されがちだが、個性的であればいいというわけではない。

良くない個性もたくさんあって、世の中に溢れている。そのゴミの中に旨味、宝石が混ざっている。必要とされるのはその**見極めをする審美眼**だ。

ズレてもいい我が道をいけ

僕は自分の行動をなるべく客観視するようにしている。自分の音源が、映像が、喋ったことが残る商売で、人に見られる仕事だから、**自分を客観視するのは当たり前**だ。僕は自分のファンだ。自分の曲もよく聴くし、自分のインタビューも読む。自分の残したものを追体験するのが好きだ。そうすると、自然に自分を客観視するようになる。

ＳＮＳでのエゴサーチもそれに近い。自分が起こしたアクションに対して、世間はどういう反応をしているのか、どう見られているのか、どう感じたのかをエゴサによって確認する。

客観視は「自分が世の中とどれだけズレているのか」を確認する機会にもなる。「俺ってズレているんだ」と再認識することは多々ある。でもそこでその**ズレを直し人に合わせ**

るなんてことはサラサラ考えていない。

「ズレがどれぐらいなのか」「そのズレを世の中はどう思っているのか」を確認するために、エゴサをしている。その度合を確認して、「そうなんだ。おもしれーな」くらいの感覚だ。

多少のズレは問題ないが極端にズレていると、傍から見ている分には面白くても、ポピュラリティは得られない。人里離れて仙人のような暮らしをしているわけではないし、名古屋という大都市の人間社会の中で生活し、そこで家庭も持ち、家族を養っている。その意味では、自分も普通の人間だ。極端なことをしているわけでもない。

だから**「我が道をいく」のと「客観視する」のは両立する**。客観視したところで自分を変えるわけではないし、「我が道をいく」といっても、極端に人に迷惑をかけたり、ルールやモラルをめちゃくちゃに破壊するような人間ではない。

我が道をいくことは重要だが、「人生を賭けて！」とまでは思っていない。「ライフ・イズ・ギャンブル」というフレーズがあるが、僕はその考えに賛同しない。ラッパーとしてダメだったら働けばいい。

だから「ラップに命を賭ける」「人生すべてをラップに！」とかいう人には、「ウソつけよ」と思ってしまう。

我ながら冷めている。もともと、自分には喜怒哀楽の起伏がほとんどない。感情の幅がめちゃくちゃ狭い。だから基本的に感情はずっとフラットだし、めちゃくちゃ喜ぶことも、逆に落ち込むこともあまりない。基本的にはちょっとふざけてるのがいつものマインド。Twitterでいい合ったり、その際に怒ったりしているのも、ロールプレイをしている部分がある。腹が立たないから。

むしろ「腹を立てさせてくれ」「怒らせてくれ」と思う。そりゃ、ムカつきはする。でも、それは喜怒哀楽に入るほどの強い感情ではないし、「怒り」には達していない。

だから「有名人なんだからそんなに怒らなくても」「いちいち腹を立てないで」とかいわれても、「別に怒ってないんだけどな」と。少なくとも、我を忘れるような激しい感情ではないし、めちゃくちゃ冷静だ。

とはいえ、ムカつくことは普通にムカつくというし、「これは怒らなければいけないな」と判断すれば、怒ったロールプレイをする。

また、有名税なんて言葉があるがその考えは不健康だ。「有名人だからなにいわれても我慢しろ」という言葉に従っていくと、どんどん自分の感情が麻痺していき、逆にまともな感覚じゃいられなくなって、自分の感性がズレていくだろう。

そのズレ方は不健康だし、その人の表現もズレて、自己表現なのにいつの間にかウソの感情だらけになったり、不自然なものになっている。

だから、怒り狂ったんならそう書けばいい。嬉しいのなら喜びをストレートに表現すればいい。自分が自分らしくあるために、**自然な表現をしつつ、それをあとで客観視して把握する**のが望ましい。

物欲、性欲よりも自己追求欲

これまでに**明確な挫折や失敗をした経験がない**。それは特別な目標を定めず、**「こうなりたい」がない**からだ。

そもそもほとんど物欲がない。もちろん、人間として最低限の物欲はあるし、世捨て人みたいな態度でいるわけでもない。でも、「人が着ている服よりも高級なブランドの服を着たい」「ラグジュアリーな高級車に乗りたい」「高級腕時計が何本も欲しい」など、そういうぜいたくで**人と差別化するための物欲は一切ない**。

また、スケベのくせに性欲も弱い。性欲は自分の表現のうえでも大きな役割を果たしているし、意識の中では色々な作用を与えているが、一般的に考えられているような**性欲は周囲の人間よりもだいぶ弱い**気がする。

風俗に行ったことはないし、性欲を風俗で満たさないといけないぐらいの気持ちになったこともない。

絶対に風俗が楽しいだろうことは容易に想像できる。お金さえ払えば自分の性欲が満たせることが分かったら、おそらくハマる。風俗の快楽を知ってしまったが最後、いまみたいに小銭を持っていて、東京や地方に出張してホテルに泊まることが多ければ、絶対に各地方でデリヘルを呼びまくる。

そうなる自覚があるから、最初から手を出さない。

そもそも、自分を信用していない。**自分の弱さを自覚しているから触れない**ようにしている。みんな、自分を過信している。自分の弱さが分かっておらず、強いと過信しているから、欲望に取り込まれてしまう。

ドラッグもそうだ。みんなドラッグに手を出してぐしゃぐしゃになっているのに、なぜ「自分だけは平気だ」と思えるのか。「みんなダメなのに、お前ごときが平気でいられるわけないじゃん」とあきれる。ギャンブルだって、みんな負けているのに、自分だけが勝てると思うのも過信だ。自分を客観視できていないから、そういう行動に走るのではないだろうか。

僕は自分を客観視しているから、自分の弱さを理解している。沼に足を踏み入れないことが重要だ。

また、良くも悪くもだが、自分を客観視しているからこそ、自分にとっていずれマイナスになりそうなことに、言い訳や説明ができてしまう。

「後々いい経験になるかもしれない」とか「リリックに役立つかも」と。都合のいい方向に考えてしまう部分は他の人と変わらないことは自覚している。直感的に良くない、自分にとって危険だと思ったものは触れないことが大事だ。


「一回経験しておいたほうがいい」というフレーズがあるが、あれはアホが使う言葉、アホをハメるための言葉だ。「もし、それが良かったらどうするのよ?　**ハマる入り口をわざわざ作るのって、ハメようとしてるよね?**」と。そう誘ってくるやつは100%何の責任も取ってくれない。実際、触れてハマって失敗してしまったものもたくさんある。アルコールやSNSには人よりも依存している自覚がある。だからそういうものをこれ以上増やさない、関わらないように注意している。

自分の欲として大きいのは「自分の内面を知りたい」「自分はなにが表現できるのか」「自分はどういう人間なのか」という内省だ。

内省は、「自分を知ってもらいたい」「認識してほしい」という、承認欲求や自己顕示欲とはちがう。人にどう思われるかは関係ないし、どう見られるかに興味はない。

それは、「着飾りたい」とか「高級車に乗りたい」のような欲求ではなく、「自分はどういうことを本当は考えているのか」「自分から出るものは何なのか」「どうして自分はこれに対して愛情を持つのか」という、**自己を正確に認識したい欲が一番強い**。

アナザーグラウンドに立て

いまは色々なメディアに出ているが、明らかにポップで、オーバーグラウンドな存在ではない。僕はアンダーグラウンドシーンの出身だ。ただ、だからといってアンダーグラウンドの住人ではない。**「アンダーグラウンド」を利用する気もない**。「オーバーグラウンドは邪道でアンダーグラウンドこそ正義」という考え方が一部ヒップホップにはまん延している。しかし、その考え方は、ヒップホップの村の中、しかも**アンダーグラウンド村にしか通用しない考え方**だ。その村社会の外では、そんな理屈は通用しないし、「だからなに?」という話でその理屈に誰も興味を持ってくれない。むしろ「そんな考え方をしているの?」と嘲笑されてさえいる。

「アンダーグラウンドにいる」「俺は地元を離れない」と宣言する人も多い。しかし、それはただの言い訳だ。**需要があればおのずと外側にも呼ばれる**。それは自分がそうだから間違いない。

それなのに「俺はシーンの外に出ない」「俺は地元にいる」「俺はいつも地元のクラブにいる」「地元に根を張っているから偉い」などと声高に言われても説得力がない。その理屈は響かない。ただ単にお前が外側から需要がないだけで、村の中にしか居場所がないだけだ。

マスからのオファーを断ったという自慢も聞いていられない。まったく興味がない内容や、明らかに変なことをさせられそうなオファー、まったく分野がちがう企画だったら僕も断る。でも、少しでも勝算がある、興味があることなら、僕は飛び込む。それなのにオファーを断ったことを自慢したり、それがアンダーグラウンド精神だというのは、自分の狭さ、小ささを露呈しているに過ぎない。

ただ、オーバーグラウンドはオーバーグラウンドで、ガキが喜ぶようなものばかり作っていたり、内容が薄いものが多いのも事実だ。それにオーバーグラウンドで喜ばれたり、ガキが楽しんでいるようないまのトレンドと、僕が好きだった頃のヒップホップはだいぶ変わっているし、いまのトレンドに乗ろうとも思わない。

つまり、**オーバーグラウンドは幼稚で軽薄だし、アンダーグラウンドはしみったれてウジウジしている**。はっきりいってどっちも嫌だ。

自分の立ち位置はそのどちらでもない「**アナザーグラウンド**」にある。その場所が**自分が自分としていられる場所**で、自分の唯一無二が作れる場所なのかもしれない。

トレンドなんて追わない

昔から、**トレンドを意識したり、トレンドに乗ったことはない**。ヒップホップのアーティストは、年を取ってもみんなB-BOYファッションで、ヒップホップを聴き始めたばかりの若者に向けて曲を作りがちだが、正直、**そうする意味を自分は感じない**。

ビジネス的な側面で考えると、若者の人口はどんどん減っているし、金も持っていない。それよりも、金を持っている同世代のほうがライブでも音源でも金を落としてくれるし、若者よりもはるかに金脈として機能している。

音楽のセンスも、同世代のほうがシンパシーを感じたり、自然とつながる部分が強い。逆にいえば、ガキはガキ同士でセンスをぶつけて楽しくやっているから、そこに若作りのオッサンが入っていったところで勝てるわけがない。

毎日新しい子どもが生まれているのに、一生そこに合わせ続けるのはどう考えても無理がある。

それよりも金を持っていて、社会的に影響力もあって、人口比率も多い、自分とセンスが合う同世代に向けて表現したほうがよっぽど建設的だ。

そういうことに気づいていないのか、精神年齢が幼稚なまま止まっているからか。いつまでも「トレンド」を追う悲しい同世代の背中を僕は今日も見送る。


リスナーとしての視点に立っても、**自分が好きだったアーティストがいつまでも若作りしていたら冷める**し、聴くのを止める。若作りしていることは同世代には伝わるから、若いやつは騙せたとしても、同世代には「みっともねえな」「ダセえな」と笑われる。

現役で活動を続けているアーティストは、リスナーが年齢を重ねるのと同じように、キャリアを重ねていって、ステップが上がっていく。僕の好きなアーティストは、成長を止めない、勝負を諦めない。色々な世代に向けて表現をしている。

自分もそうありたい。いまもまだ走っている姿を見せたいし、オーディエンスもその姿を見たいはずだ。だから、若作りするのは良くないが、逆に同世代だけを集めて同窓会イベントをやるとか、ファンだけを集めてそのパイの中で生活するのも、健康的ではない。

大切なのは成長し続けることだ。同世代に歩み寄って、寄り添って、優しくなるのは簡単だが、手癖や「いつもおなじみの」が表現に現れるようになったら、アーティストとしては終わりだろう。自分はそうなりたくない。成長したいし、こだわりたい。

若い頃にしなかったことを「あえてやる」のではなく、**「若い頃に捨てたものを拾わない」のが大事**かもしれない。そうすることで表現の幅は狭くなるだろう。でも、逆にいえば手元にある武器は研ぎ澄まされていく。

新しい表現を取り入れるにしても、それを単純に取り入れるのは安易だ。本来、刺激を受けて、それを取り込んで自分のものにするには、時間がかかるはずだ。食べ物だって、飲み込んだものをそのまま出していたら、自分にとって何の栄養にもならない。「おい、昨日食ったもの、そのまま出てんぞ！」と。でも、ちゃんと咀嚼して、時間をかけて消化すれば、それが自分の栄養になる。だから、5年後ぐらいにそれが表現として色々な部分に現れるようになるのが自然だ。

表現活動は、別にレースじゃない。なにかが流行るとみんなそれに乗っかって、誰が一番早くパクるかみたいなことになっている。海外のヒップホップのシーンでも、海外のラッパー同士でパクり合って、それを日本人のラッパーがさらにパクる負のサイクルが「流行りに乗る」「これに乗り遅れるとダサい」といわれるが、それに価値を感じない。

トレンドを意識しているから「遅れる」「間に合わせないと」と強迫観念に囚われて、自分の表現にも歪みが出てしまう。「そういうのが流行りなのね」程度で止めておけばいい。トレンド以外にも、色々な変化は起きているはずだし、起こせるはずだ。でも、トレンドばかり意識して、トレンドに支配されていると「いや、それは半年遅れでしょ」みたいに切り捨てて、可能性を閉ざしてしまう。

本来は変化にトレンドは関係ないはずだ。そこに囚われていたら新しい表現や、自分に相応しい表現はできない。

そもそも40歳の自分にとって、もう10代のラッパーのいっていることは理解できない。「理解できる」というのは欺瞞だ。自分たちが10代のときに、40代の人間が理解してくれているとは思えなかったと、我が身を振り返れば気づくことではないだろうか。

10代だって「なんでこのおっさん、俺らの会話に入ろうとしてんだ?」と不審がるだろう。それなのに「理解できる」なんていうのは傲慢だし欺瞞。それに「金が欲しい。女が欲しい。有名になりたい！」という内容のラップを、40にも50にもなって「分かる」なんていっているおっさんは単純に気色悪いでしょ。まだそんなこといってんのかよって。

年を取ったならば、10代、20代を通過した先の発想や考え方がある。**物事には年相応の表現があり**、そこで形になるものがある。

それを押しつけるつもりはないが少なくとも、自分は、みっともなくない表現を心がけている。

自分のルールと正義を持て

僕にとって、ルールと正義とはまったくの別物だ。例外もあるが、基本的に**ルールは馬鹿のためにある**。

例えば「赤信号を守る」というルールがあるけど、見通しが良く、車が一台も走っておらず、警察が見張っていない交差点で、それでも赤信号を守るのは思考停止ではないか。その状況でルールを守る必要はない。

車通りの多い交差点の場合でも、周りを見ずに平気で飛び出すような状況判断ができないやつがいるから、「信号を守る」というルールが必要になるだけの話だ。

やっていいことと悪いことが分からない、想像力がないやつがいるからルールがある。「ルールを守れ」「ルールは大事だ」となにも考えないで声高にいう馬鹿もいる。

「ルールで決まっているから」「法律にそう書いてあるから」というのが、いかに自分の頭で考えていないことなのか、どれだけ恥ずかしい発言なのかが分からないのは、かなり重症だ。そういう人は、家族や友人関係よりもルールが上に来てしまう。果たして本当にそれでいいのかよく考えるべきだ。

正義は立場による。正義は**片側からだけのものじゃなくて、その反対側にもある**。そして、個々人にもそれぞれの正義がある。つまり、正義とは極めて個人的な、主観に基づいたもので議論の場に持ち出しても意味はなく、各々が持っていればそれでいい。

ファンとは目線を合わせない

ファンをキープするためファンに寄り添うこと、ファンを囲い込むことがいまのアーティストには大事だといわれているが、はっきりいって、それは**クソダサ思考**だ。「俺にファンは必要ない」とはいわないし、聴いてくれる人、ライブに来てくれる人はもちろんありがたい存在だ。ただそういう人を「味方」だとは思っていない。「呂布カルマには信者がいる」といわれるが、そうではない。**自分にいるのは「オーディエンス（情報を受け取る人）」だ**と認識している。少なくとも「味方」ではない。もちろん、味方してくれるなら「ありがとうございます」だが「味方してよ」と求めはしない。「ファン」「味方」は肯定的なニュアンスの言葉だ。一方、「オーディエンス」という言葉には肯定または否定の概念が含まれない。オーディエンスはファンや味方よりも偏りがなくフラットな存在だ。誰かに向けているわけではなく、平地に発信しているだけだ。僕は自分の好きなことを自由に発信しているだけで、受け取るも受け取らないもまた各々の自由である。

「ファンのことを考える」「ファンの望むものを作る」ということを意識してなにかを作り始めたら、それは「過去の自分を追いかける行為」になる。過去に自分が作ったものに興味を持ってくれた人のために、再度過去に自分が作ったものをトレースしたり、再生産する行為だ。それは袋小路だ。やることがどんどん狭くなって、バラエティがなくなっていく。

「ファンに向けて」という態度は優しさなのかもしれない。でもその優しさは、自身にとっても、ファンにとっても良くは作用しない。**ファンも「こっちを向いてほしい」なんて思っていない**はずだ。自分自身、色々なアーティストのファンだったときは、やっぱりこっちなんか見ていない姿が好きだった。

自分のオーディエンスも、そういうタイプが多い気がする。だから、もし僕がオーディエンスに急に目線を向け始めたら、「あれ？」と思われるのではないか。「呂布カルマ、なんかこっち見てね？」「遠くを見ている呂布カルマが好きだったのに、ガッツリ目を合わせてきてるわ」と。なので、目は合わせない。見ているのは気づいているけれども、あえて見ない。

でも、そこで**オーディエンスを突き放すとか、あえてちがう側面を、と考えるのも不純**だ。結局、それはオーディエンスを意識している。「ファンのほうを向いている」のと同じだ。だから、アーティストとリスナーの関係は、表現者とオーディエンスというのが、一番正しい距離だ。無視するぐらいが、結果として一番誠実に向き合うことになるのではないだろうか。

そもそも、**僕の個人的な表現なんか、誰も求めていない**と考えているし、**勝手にやっているだけ**だ。

偉そうにしているアーティストは馬鹿だ。アーティストは自分の好きなことをやっているだけだ。その姿を見に来てもらったり、作品を買ってもらって生活している。むしろ「好きなことをさせてもらってありがとうございます」ぐらい、腰が低くあるべきだろう。

「俺はこんなにすごい表現ができるんだ。ありがたく聴け」「お前らのために作ってやってんだ」と顔に書いてあるやつも、本当に不純だ。

だから、リスナーとオーディエンスは対等であるのが一番だ。その関係が、**ブレないものを形にできる基準**になる。

しっくりくる表現こそ危険

僕が人から影響を受けるときの形は、「この人すごい！　この人みたいになりたい！」よりも「やられた！　これは**俺にはできないからちがう方法を考えなきゃ**」だ。

フリースタイルでいえば、即興でICE BAHNのFORKさんのような入り組んだライミングや、韻の破壊力が強いラップはできないから、自分は**韻に縛られないようにしようと思った。**

鎮座DOPENESSみたいなカラフルなフロウはできないから、もっと**淡々とした温度の低いラップを聴かせる方法を探そう**とした。

般若さんのライブを見て、あんなにステージ全体を動き回って大声出してという熱いライブを自分が般若さんの年齢になったときにできる自信がないから、逆に**汗を一滴もかかない冷静なライブをしよう**と心がけていまのライブスタイルになった。

「これはもう先にやっている人がいる。じゃあ自分はそれとは別の道を」「自分がカッコいいと思った人がやってない方向に」というのが、自分の影響の受け方、消化の仕方だ。

それを「反面教師」というとネガティブに聞こえるかもしれない。だが、それは決してマイナスの感情じゃない。同じことをやるやつは何人もいらない。

オリジナルなことをやるのはひとりでいい。オリジナルな道を進んでいる人の後ろを追いかけても、結局モノマネにしかならないし、追いかけたところで何番煎じを続けることになる。

「この人すごい！　憧れる！」と感じて、それをそのまま受け取ったら、どうしてもその人を目指してしまう。でも、それは時間の無駄だ。

自分にとってはTHA BLUE HERBがそうだった。BOSSさんのラップやリリシズムには衝撃を受けたし、とにかく共感させられた。それぐらい、特にラップを始めたての自分にとっては大きな存在だった。

だからこそ「もしこのままBOSSのリリックを聴き続けていたら、自分の言葉を失うかもしれない」「自分の表現したかったものを、先に表現されてしまっているんじゃないか」と、あえて作品を聴くのを避けた時期があった。

最近だと**ひろゆきさんにも影響を受けそうになって危険を感じた**。ひろゆきさんのYouTubeはとても面白くて、彼の意見に納得させられることが多々ある。2日間ぐらいガッツリ見た時期があったけど、「これはこのまま影響受けそうだ」と思って、見るのを止めた。

ひろゆきさんの発言が刷り込まれて、同じようなことをいい出したら、恥ずかしすぎる。自分の意見だと思って発信した言葉が「それ、ひろゆきも同じこといっていた」とかいわれたら、たまらない。

インプットされたものでも、自分の中に少しでも違和感があったり、新しい刺激になるようなものは、咀嚼されて消化されて内から滲み出るまで時間がかかる。

でも、自分の考えていることにドンピシャでハマったものは、そのまま出てきてしまうことがある。だから**あまりにもしっくりきた表現は、自分にとって危険**だと思うことにしている。そうやって、自分が面白いと感じたもの、興味を持ったものに対して、「それがなぜ面白いのか」「それに対してどう接するべきなのか」は常に考える。

負けるならカッコ良く負けろ

フリースタイルラップバトルのシーンで、メディアに自分を注目させたキッカケは、「フリースタイルダンジョン」での対R-指定戦（2017年4月放送）だろう。あの試合では最後「**やっぱこいつ強えわ。強い**」と僕が白旗を上げた。

なぜ最後まで食らいつかなかったのか？　R-指定との戦いの前から、勝ち方と同じくらい「負け方」も大事だと考えていたからだ。

あのバトルは、まず1stバトルで僕が審査員の票数でR-指定に負けていた。2ndバトルでは、僕の最後のターンに入る前に、R-指定がその日一番の盛り上がりのラインを出してきた。もう、その時点で「これはもう逆立ちしても勝てない。審査員の票は確実にR-指定に入る」と悟った。

ギリギリまで食らいつこうか一瞬考えて、返しはしたけど、もうこのままズルズルとラップしても、どんどん無様になるだけだった。それならむしろ、面白い負け方、潔い負け方を選んだほうがいいと感じた。それで出てきたのがあのフレーズと、R-指定の肩を叩くアクション。

自分で敗北を決断した。弱気な判断に見えるかもしれないが、それによって審査員も、お客さんも視聴者も沸いた。結果、あのバトルでみんなが覚えてるのは、ラップやバトルの内容よりも、僕の負け方ではないだろうか。

いまだに「やっぱこいつ強えわ、強い」というフレーズはこすられるし、あの負け方をバトルでやった、サンプリングしたラッパーはたくさんいる。

みっともなくダラダラと食らいついたという印象を残すぐらいなら、潔く散る。**負けるんなら印象的に負けたい**。だから、いまでもあの決断と行動は正しかった。

僕のラップにメッセージはない

ラップで発信するとき、メディアで発言するとき、SNSに投稿するとき、それぞれ伝え方を変えている。ラップに関しても、「ラップで自分が発信するべきこと」は考えている。

僕のラップは、リスナーが「これはこういう意味だ」と疑いの余地もなく捉えられる内容だったり、明確ななにかを表現してはいない。リリックの行間からなにかが滲み出たり、相手が受け取ったときにイマジネーションを刺激したり、自分の複雑なイメージを簡単な言葉に置き換えずなるべくそのまま詞にしている。

ポリティカルな内容や、目の前の社会的な問題に対してプロテストするような、いわゆる「コンシャスラップ」は好きじゃない。ラップの情報量を使えば、たしかにそういうメッセージを形にすることができる、本場アメリカにもそういうアーティストは多い。しかし、それによって偏ったメッセージや、ある種のプロパガンダを広めることにもなりかねないと思っている。

どんなに間違ったメッセージでも、社会的に危険な言葉でも、それが音楽として曲として優れていれば、人は聴いてしまうし影響を受けてしまう。それは音楽の偉大な力だが、同時に諸刃の剣だ。

メッセージを伝える手段として、音楽を使うの危険だし、不純だ。

いわゆるヒップホップ的な「俺の人生を聴いてくれ」「俺はこんな苦悩を抱えている」という気もない。そんな話を、他人に聴いて欲しいわけではない。「どうせわかんねーだろ」と思っているし、すべての人に伝わるような音楽を作ってもいない。理解者が欲しいとも思わないから、完全に自分のために作っている。

勝手に聴いてくれたらいい。だから誤解されようが構わない。僕のことを理解してくれている友達がいて、家族もある。

どこまでいっても、**僕のラップは言葉遊びでいい**。まさに「娯楽」なのだ。

てか、勝手にやってるだけ

自分の表現、特に音楽作品に関しては、**勝手にやっている**だけだ。自分の表現は誰にも向けていないし、だからこそ言葉の鋭利さが保たれている。

幸いにして、**表現の上ではまだ怒られたことはない**。というか、どこの馬の骨とも分からないやつに怒られても平気だ。仲のいい知り合いから「あの発言はどうかと思う」「あれは良くない」と、ちゃんと説明されたり、ロジカルに諭されたら「たしかに」と改めるかもしれない。

でも、例えばSNSで「呂布カルマのあの発言やリリックはどうなんだ」といわれても、よっぽどクリティカルな場合をのぞき、基本的には「**知らんがな**」というスタンスだ。

それに、本当のタブーは踏んでいないし、踏まないようにもしている。下ネタやグロテスク、イリーガルな表現はあれど、誰かに目くじらを立てられるほどの発言はしていないはずだ。

極端に差別的だったり、人の尊厳を貶めるような、本当に人を傷つけるようなことは考えてもいないないし、傷つけたいとも思っていない。だから「この発言は怒られるから我慢しよう」という発想にもならない。

自分の目的は**表現すること自体**だ。その表現が相手に届くかどうか、またどう受け取られるかはどうでもいい。「ファンへのウケ」とか、「ファンがどう聴くか」を考えることは表現を濁らせることになる。「表現すること」を「歩くこと」に置き換えれば、「自分の表現が誰にどう届くか」を考えるのは、目的地がある前提で、目的がないと歩けないことと同義だ。でも、僕は**「歩くこと」自体を楽しんでいる**。だから、ずっと歩き続けられる。

ディスるってよくいうけど

僕にとって、**悪口とディスは若干意味が異なる**。悪口は相手を悪くいうことだが、「ディスる」はディスリスペクト、リスペクトがないことを指す。対象の存在を否定、非難するような意味合いで使う。悪口よりもディスのほうが強烈で、**もっと根本的に相手を侮辱する行為で、実はかなり深い意味**だ。

「ディスる」を日本語にいい換えると、**「侮辱する」という言葉が一番近い**だろう。いまや「ディスる」はキャッチーな言葉としてあらゆるシーンで使用され、さほど重くない意味合いで用いられている。特に、SNSの世界には間違った意味での「ディスる」がまん延している。SNSで僕を軽い気持ちで「ディスる」人は少なくない。

僕のSNSにクソリプを送ってくるガキに対して、「お前、それ侮辱してんの?」と返すと、かなりの確率でひるむ。「いや、そんなつもりはないんですけど……」と萎縮する。侮辱罪とか、そういう言葉がイメージされるのか、深刻なことをしてしまったと気づくようだ。

彼らの中には、「ディスる」ことは気軽で、「侮辱する」ことは悪いことだという認識はあるのだ。そのふたつの言葉が別物だと考えているから、人を「ディスる」ことができる。だが、「ディスる」と「侮辱する」は少なくとも僕にとってはイコールだ。僕をディスりたい人は、僕を侮辱する覚悟を持ってぶつかってきてほしい。

「ディスる」が世間に浸透したのは、やはりMCバトルが原因だろう。いまもMCバトルに現役で出場する僕は「バトルであんなにボロクソにディスられて傷つかないんですか?」と聞かれることがあるが、MCバトルでは、なにを言われてもなにも感じない。「そんな風に思っていたのか」と思うことはあるが、それはお互い様だ。MCバトルのルールの中で起きることだから気にならない。なにより、**だいたい僕のほうが相手に辛辣なことをいう**ので僕が気にしていたら相手に悪い。

それにMCバトルでの僕に対するディスは、「**お前ごときがどの口で俺に物申してんだ?**」と思うことがほとんどだ。

発言の内容はもちろんだが、「誰が」「なにを」「どのタイミングで」「どういうか」が大事で、発言者がそれまで積み上げてきたものが言葉に宿る。

SNSにリアルな人格はない

SNSで発信する場合の**OKとNGの分水嶺は「妻の目」**だ。「もしこれを妻が見たらどう思うか」「妻の目に止まったときに大丈夫か」という基準。妻は僕が信念を持って発言することに対してはなにもいわないから、信用している。

ラップもSNSも発信行為だが速度がちがう。自分がそのときに思ったこと、いま思っていることをラップにしても遅い。「なにを感じた」「どう思った」という自分の考えを、ビートを選んで、リリックにして、レコーディングして、マスタリングして、発表するという手順を取る過程で時間が経過し、でき上がったときには、最初に思ったことは過去の話になってしまう。

世間になにかいいたいなら、**SNSが一番手っ取り早い**。

音源上の発言に関しては、CDを買うか、サブスクで聴いてリリックを確認するというハードルがあるから、はなから興味のない人はそこまでたどり着かない。しかしSNSは無銭で、不特定多数に届いてしまう分、炎上することもある。

そもそも、基本的にTwitterには「人が存在しない」と思っている。Twitter上の人格とリアルのその人はちがう。**Twitter上の人格になにをいわれても、僕のリアルには何の影響も及ぼさない**。だから、なにかをいわれても、存在しない人にいわれている（実際にそういう無人アカウントもあるだろう）と思っている。勝手にいわせておけばいい。

以前はインスタライブもやっていた。同じ無料でもTwitter以上に「民度」が低くて、地獄のようなコメント欄になっていた。

でもYouTube配信に切り替えて、有料のスパチャ（スーパーチャット）という形にしたら、だいぶそれは緩和された。やはり**タダ乗りして遊んでいるやつにはロクな人間がいない**。

将来の夢は全身サイボーグ

昼間の仕事を辞めたのが33歳のとき。ライブ出演のギャラが日中の仕事を上回るようになった。しかも「昼間の仕事があるから」と断るライブもあったので、これを受けられるようになればよりラッパーとしての活動が増えるという確証もあり、スパッと辞めた。

昼間の仕事を辞めて、ラップ一本になってから、**3ヶ月で収入はサラリーマン時代の3倍**になった。しかし、昼間の仕事も嫌いじゃなかったから、ラップとの両立も苦ではなかった。

だから明日のメシにも困って、今月の家賃も払えるか見通しがつかないような経験や、貧乏で苦しむようなことはなかった。

浪費癖もないし、金をバンバン使うような「ラッパーらしい振る舞い」にも興味がないから、アルバイトや昼間の仕事をしながらラップをしていても、ちゃんと生活が成り立っていた。

「ラップで食っていきたいけど働きたくない」「働かないで大金をつかみたいからイリーガルなことに手を出す」みたいなラッパーはアホだ。

ラップで食えないのは、そのラップに商品価値がないからだ。そのラップに商品価値がないなら、他の仕事をしてまず食えるようにならないといけないし、その中でラップに商品価値をつけるしかない。

本当に食えるやつは、なにをしていてもいずれ目指す方向で食えるようになる。ビジネスにならないラップをして、働きたくもないというのは、ただの甘えでしかない。

たしかに「遊びながら稼ぎたい」というやつには、ラップのようなアーティスト活動はうってつけかもしれない。僕は怠け者だから、怠けようと思えば延々怠けられるし、遊んでいられる。でも、それでは表現のスイッチはなかなか入らない。だから、スイッチを自分で見つけなければならない。

自分が社会人として働いているときは仕事の息抜きとしてリリックを書いていたが、いまは改まってリリックを書くためスイッチが入りづらい。

いまはそれなりに儲かっているけど、「金があったらやってみたいこと」というのもあまり思い当たらないが、夢はある。**「呂布カルマ・サイボーグ化計画」**だ。

僕はサイボーグになりたいと本気で思っている。誰よりもいち早く全身サイボーグになりたい。そういう技術が開発されて、普通の病院だったり、民間で手術できるようになったら、ガシガシサイボーグ化していくつもりだ。

身体が機械化されることを怖がる人、不安に思う人もいるだろうが、現状だってすでに人間よりも機械のほうが優れているし、この先もどんどん機械は発達する。

一方、人間はもうこれ以上、生物としての進化は望めない。個人に関していっても、老化するだけだ。だから、**どんどん優れているものを自分に取り込みたいし、機械になることに何の抵抗もない**。

それがこれからの人類の進化だとさえ考える。頭打ちになっている人類を進化させるのは、人類が生み出した技術だろう。「ガラケーで十分」といっていた人も、結局スマホを持つ。人間にとって便利なもの、楽にしてくれるものは、最初は拒んでも、最後は受け入れ、それがスタンダードになる。

だから、サイボーグも最初は忌避感を持つ人が多いかもしれないが、便利で、安全だということが判明すれば、最終みんなサイボーグ化するはずだ。

というか、もうなるしかないだろう。それならいち早く僕がサイボーグになりたい。

人工関節や人工内耳のような技術はすでに存在するわけで、その延長で、次々色々な部分がサイボーグ技術として発達する。

そうやって順次色々な部分をサイボーグ化していって、70歳ぐらいでフルカスタムが完了する見込みだ。これからはサイボーグになってからが、人間の始まりになるのではないだろうか。サイボーグになれば寿命も伸びるから、サイボーグのローンが200年ローンとかになって、一軒家を買う感覚でローンを返していくのだろう。

グラビアは生命エネルギー

「Twitterにグラビアアイドルの写真を貼りつけるのが僕のライフワークだ。「グラビアのなにがそんなに魅力的なの?」といわれると毎回困る。「みんな好きでしょ。説明が必要ですか?」としかいえない。

スケベな気持ちだとか、Twitterを見た人に劣情を抱かせたいとは思っていない。**グラビアで性的な興奮はしない**。

僕にとってグラビアは絵画を見ているような感覚だ。グラビアアイドルの肉体は単純に造形物として美しく、肉体からエネルギーを放っている。

彫刻でも絵画でも女性の身体、ヌードは古来よりモチーフになってきた。そこには根源的な、人類普遍の美しさがある。

もっというと、興奮させるためのヌードはエロさが立ち過ぎてて、情報量が邪魔になるときさえある。だから、**乳首が見えていない、毛の見えていない、もっとシンプルなグラビアが自分にはちょうどいい。**

そして、SNSにそれを貼り付けるのは、「俺の審美眼を見ろ！」という気持ちだ。「これが俺のセンスだ！」「これが美だ！」というのを見せつけているのだ。

そういうアプローチで自分を表現するのは、ラップよりも早かった。mixiの頃から日記に3枚ずつグラビアの写真を貼りつけていた。

当時、すべての日記にグラビア写真を貼りつけていたのだが、あるときmixiのレギュレーションが変わった。「ヌードは貼っていないから大丈夫だろう」と高をくっていたら、予告もなく数年分の日記は凍結された。

「自分の日記が自分で読めなくなることがあるのか」と驚いて、Twitterに移行した。

エロ本やグラビア雑誌で育った世代だからか、静止画の女性の身体の迫力が好きなのだ。DVDとか動画のグラビアは興味がない。興奮したいわけじゃないから、飴を舐められても困るし、そんなものでは興奮しない。なめられているようにさえ思う。

完全に好みだが、痩せているよりは肉感的で迫力のある、**肉体から生命力が溢れ出るようなパワフルなグラドルの写真がいい**。

コンプレックスが転じて武器になるような部分がグラビアにはある。特に、僕が好きなグラビアアイドルの身体は、グラビアアイドルとして開放するまでは、コンプレックスだったという人が多い。

例えば胸がすごく大きいと、同性からも異性からもジロジロ見られるだろうし、服のチョイスも限られてくる。特に洋服やファッション雑誌なんかは、スラッとして脂肪の少ない、いわゆるモデル体型がベストなものとしてたたえられるし、基準となっている。

だから、グラビアアイドルみたいな体型の人は、自分の身体に対してコンプレックスを感じていたりすることがある。

そのコンプレックスだった部分が、水着になることで解放されて、グラビアアイドルとして活躍することで、男性だけではなく女性も含めて、多くの人たちに承認されていくという**「カタルシス」に僕はぐっとくる**。

何でもかんでもヒップホップにつなげるのは好きではないし、根本的にはちがうものだが、そういった自分が負い目を感じていたり、コンプレックスとする部分を逆に強調することで、それが武器になり、多くの人を驚かせるような結果になって、自分の生きざまが自分の未来を作る構造は、ヒップホップに通じる部分がある。

真の意味で自分の身ひとつで勝ち上がっていく彼女たちの心は、ラップひとつで勝ち上がるラッパーと同じメンタリティなのかもしれない。

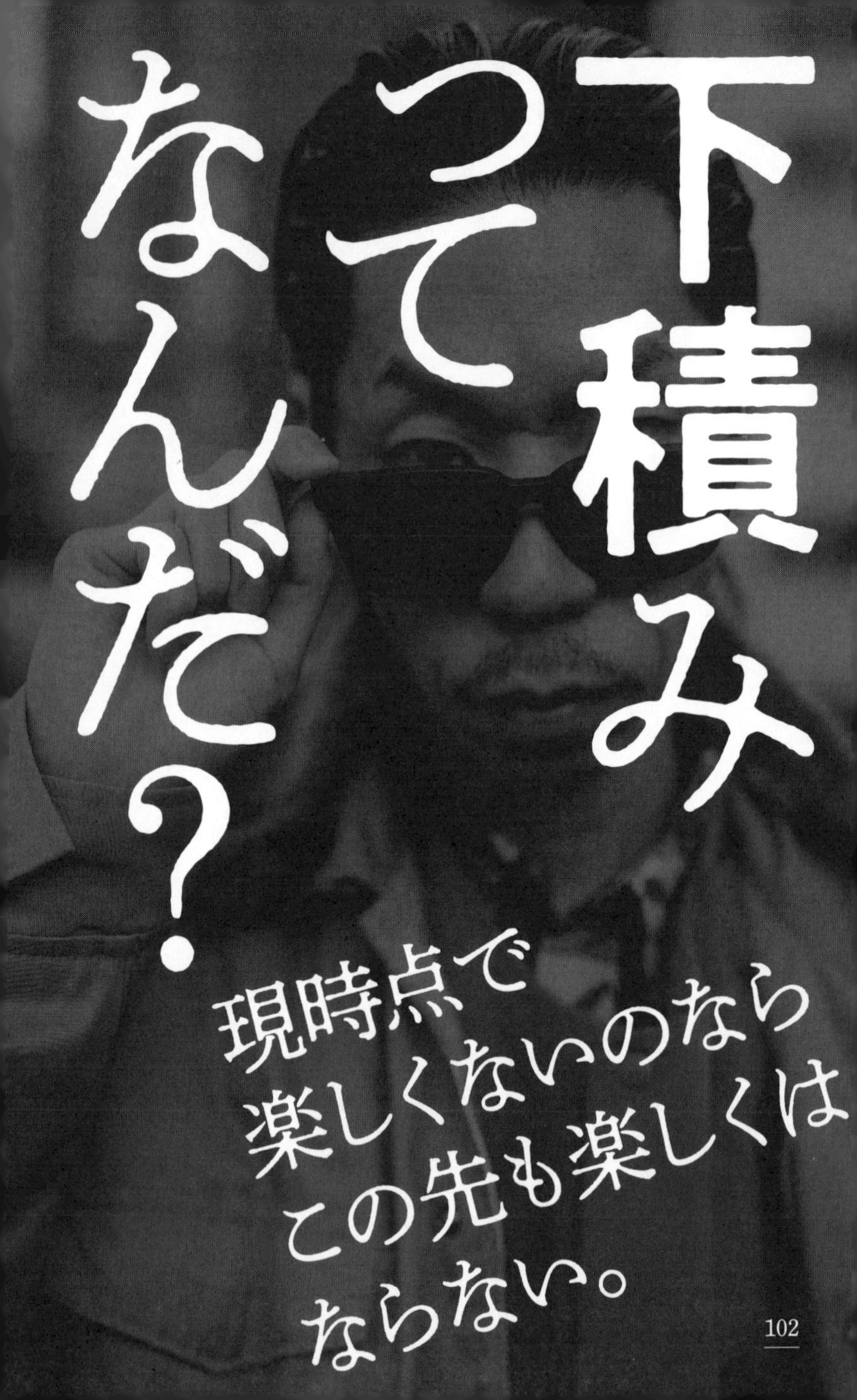

下積みってなんだ？

現時点で
楽しくないのなら
この先も楽しくは
ならない。

第3章

三嶋裕也が呂布カルマになるまで

天才児ではなかったけど

幼少期の僕は言葉を覚えるのが極めて早く、学校に通う前から色々な物事に対する理解も早かったため、親や親戚からは天才だと思われていたそうだ。

それがいざ学校に通うようになると、**さっぱり勉強ができなかった**。不得意な勉強を頑張る気になれず、授業中は漫画を描くための時間だった。僕が天才児でないことは小学校の授業参観であっさりバレた。あとからオカンに聞いた話によると、参観日でもずっと漫画のことを考えていたのか、僕は授業中ずっと口をあけて天井を見ていたらしい……。オカンはそんな僕を見てパニックになったそうだ。

ただ、僕自身は勉強ができないことに一切コンプレックスを感じておらず、小、中、高と勉強そっちのけで、ずっと漫画を描き続けていた。受験生になっても、友達と遊んでいるか、漫画のストーリーやコマ割りを考えているかのどちらかで、ほとんどまともに勉強をした記憶がない。当時、**頭の中はほぼ漫画しかなかった**。

漫画といえば、新井英樹先生の『キーチ!!』や『シュガー』には大きな影響を受けた。この二作は天才と凡人の対比、天才が自身の才能に翻弄されていく姿が描かれている。過激な描写に目を取られがちな作品だが、僕はこれらの作品から天才の在り方を学んだ。漫画以外でも、天才が自らの才能に喰われる系の作品は好んで見る。映画では『パフュームある人殺しの物語』が面白かった。この作品は、天才的な嗅覚を持つ調香師の成功と破滅を描いている。

天才と聞いてネガティブなイメージを持つ人はあまりいないだろう。むしろその才能に恵まれた人を羨むかもしれない。

しかし、必ずしもそのイメージ通りではない。生まれついての天才だからこそ背負っているものがある。「才能があることは決して幸せなだけじゃない」と天才の負の側面を伝えてくれる作品に心惹かれる。

天才とは、社会や大衆に迎合しない存在だ。彼らはマイノリティだが、マジョリティに歩幅を合わせはしない。孤独を恐れず自身の気高さを自覚して振舞う。その結果、ひとりになってしまうことが分かっていても、恐れずに自分の信じた道を進むのが天才のあるべき姿だ。僕はその姿に心を動かされ、共感した。

柄シャツのキッカケは親父

オールバック、柄シャツに出会ったのはラッパーになる前だ。キャラクターづけや、アーティストとしてのインパクトを誇示するためにこの服装をしているのではなく、**もともとこの格好**をしていたに過ぎない。

すべての始まりはアロハシャツだ。大学生になり、制服から私服で通学するようになったタイミングで、アロハシャツを着だした。さらに遡るとアロハシャツに出会ったのは高校生の頃だ。当時、プライベートで親父がよく着ていた。

ある年の親父の誕生日に、プレゼントするために様々なタイプのアロハシャツを見ていたところ、僕自身がアロハシャツの奥深さに魅力を感じるようになった。考えてみれば、**親父に似合うと思って買ったものが、顔の似ている僕にも似合う**のは道理だ。そこからアロハシャツがメインの服装になり、他のシャツも柄シャツに入れ替えられていった。

当時の僕の髪型はシアター・ブルックの佐藤タイジさんや、ブランキー・ジェット・シティの浅井健一さんのような長髪パーマヘアだった。その頭と柄シャツは相性が良かったが、大学4年の後半、卒業が近づいてきた頃に長髪をバッサリ切って短髪にした。すると途端に柄シャツが似合わなくなってしまった。

似合う服装を模索しようにも、もうずっと柄シャツ生活だったから、無地のシャツをどのタイミングで買えばいいかさえ忘れてしまうほど柄シャツが僕のファッションの中心になっていた。いまも無地の服はほぼ持っていない。

柄シャツに似合う髪型を模索してるうちに、行き着いたのがオールバック。親父も僕ほどガチガチに固めてはいないが、オールバックだ。顔が似ていると服装や髪型も似る。アロハシャツと同じ仕組みだ。

親父自身も長い時間をかけて自分に似合うスタイルを確立したはずだ。僕によく似た人間が長年かけてたどり着いたスタイルは、僕にも似合うに決まっている。そして、年齢が当時の親父に近づくにつれて、ますますこのスタイルがなじむようになり「呂布カルマのスタイル」は確立されていった。

デビュー直後の苦悩と脱却

初めてのステージに立ったのは、名古屋を代表するクルーBALLERSのイベントだ。当時の名古屋はTOKONA-Xをはじめとするハードコアなヒップホップと、nobodyknows+などのポップなスタイルのふたつが大きな軸だった。僕はポップな方面はまったく興味がなくハードコアに傾倒した。僕にとってはハードコアなM.O.S.A.D.が名古屋のスタイルだったため、名古屋でラップするならM.O.S.A.D.やBALLERSのイベントだと決めていた。

とはいえ、**本気でラップに取り組むつもりもなかった**。暇つぶし程度の軽い気持ちだった。だから、1回目に出たイベントのときは持ち曲さえなく、書きためた16小節のラップを、インスト曲に乗せただけだった。

それから何度かBALLERSのイベントに出してもらった。最初はすべてが新鮮で夢中になったが、徐々に自分が表現したいこととBALLERSの表現とのギャップを感じるようになり、自分の追求したい表現を真剣に考え始めた。

BALLERSの作り出す空気に完全に染まらなかったり、「ハードコア」にも「ポップ」にも属さなかった。僕が染まらなかったのは、もう大人だったからだ。もし高校生だったら、彼らのファッションやライフスタイル、考え方に自身の価値観を根底から変えるほどの影響を受けた可能性はあり得る。でも、僕はすでに大学を卒業した大人で、自我やファッション、考え方の基準があった。

ヒップホップ文化そのものに対しても、もちろんリスペクトする一方で、幼稚に感じる部分も少なからずあった。**他人の価値観を盲信しなかったから、自分のスタイルを築き、信じて進むことができた。**

人生最初のMCバトルは、名古屋大学の学祭で開催されたMCバトルだった。「ULTIMATE MC BATTLE」が全国的に話題になり、名古屋でも多くのMCバトルが開かれるようになった頃だった。

最初はかなり気負っていた。バトルに出る2週間前からメンタルを作り込んで「こういうラップをぶつけてやろう」「こう来たらこう返そう」「こういう韻を踏もう」と綿密に戦略を練っていた。

しかし、戦ったこともない状態で、予め戦略を練ったところで上手くいくわけがないのだ。緊張して言葉は飛び、まったく自分の想定通りにいかなかった。結局2回戦で負けて「ああすれば良かった」「あれは失敗だった」「何で楽曲と同じクオリティで韻を踏めないのか」などと珍しくウジウジ考えた。しかも負けた相手が仲の良い先輩だったから「俺のことをそんな悪く思っていたのか」と人並みに落ち込んだ。

バトルに照準を合わせると、バトルで頭がいっぱいになりその期間は曲が書けなくなるという明確なデメリットがあった。労力と精神疲労が割に合わないことに気づいて、3回目の出場からは余計なことを考えず、事前準備もせず適当な心持ちで臨んだ。そうすると不思議と勝てるようになっていった。適度に脱力できたのが奏功したのだろう。

僕が例外で、練習するのが普通だということは理解している。ひとりでも友達とでも即興で韻を踏む練習や言葉を切り返す練習はしようと思えばできる。でも、僕は練習が苦手だから「これは自分には無理だ」と早く見切りをつけた。おかげで、すぐ「普通のMC

バトルのスタイル」から脱却できた。

バトル参加初期の僕はいまよりも押韻を重視したスタイル。当時シーン全体がFORKさんを代表とする押韻主義のフリースタイルの影響を色濃く受けていた。2000年代はFORKさんのスタイルがMCバトルにおけるスタンダードで、それを証明するように名古屋ではYUKSTA-ILLとかNAGIONのような押韻主義のMC達が勝ち星を上げていた。FORKさんのフリースタイルを聴いた瞬間、僕は押韻主義の路線で勝負するのは無理だと早々に悟った。

そして、新しい道を探し、テクニカルに韻を踏むよりも、面白いことをラップする、クリティカルに切り返す、オーディエンスに刺さる言葉をセレクトするなど、もっと「内容」に特化していった。同時期、周りには韻に特化しすぎて、ラップの内容が支離滅裂なラッパーが多かった。その穴を突くことで、戦績は順調に上がっていった。

つまり、僕のラップは応答力や切り返し力の技術面に注目されがちだが、**「人のやってないこと」「自分のバトル法」の発見**こそが「MCバトル強者の呂布カルマ」を生んだのだ。

韻にハマった美大生時代

ヒップホップとの出会いの原点は、当時流行っていたドラゴンアッシュをはじめとするミクスチャーバンドだ。もともとロックが好きで、音源はもちろん、毎月音楽雑誌の「ROCKIN'ON JAPAN」を買ってインタビューを読み込むぐらい熱心なロックリスナーだった。ミクスチャーを通してラップに触れて、ヒップホップにも興味を持った。

最初に衝撃を受けたアーティストは妄走族。「こんな自由な表現があるのか!?」と興奮した。それまでは、中学生の頃はスピッツを好み、高校生の頃はブランキー・ジェット・シティのような情緒的なロック特有のリリシズムを好んでいた。そこから何の素養もない状態で妄想族を聴き、普段触れていた表現とは真逆の、詩情を完全に度外視した何でもいい切る表現や、ナイーブさなど一切感じないイリーガルで遠慮のない表現にガツンとやられた。

その次は餓鬼レンジャー。餓鬼レンジャーはリリックがユーモラスな部分と押韻のテクニックにやられた。韻の世界に傾倒してからは、授業中は韻をひたすら考え、頭に浮かぶたびにノートやプリントの裏にメモしていた。思いついたライムをひたすら書いて、「この韻はまだ誰も踏んでないな」「漢字とカタカナでこう踏めるな」とずっと考えていた。

当時書き殴ったライムは、我ながら下品だった。「踏んでいればいい」「ロングライムほどいい」「四字熟語で踏むとカッコいい」という単純な思考だった。ラップ初心者が踏む、典型的な押韻のための韻。韻の上澄みをすくっていたに過ぎなかった。しかし、クオリティはともかく、上澄みをすくっているだけでも言葉遊びとして単純に楽しかった。

ヒップホップにのめり込み、次から次へとラップを聴き漁り始めたが、もっぱらひとりで聴いていた。ヒップホップを聴いている友人が芸大の周りにも、高校の同級生にもいなかったからだ。

当時はバンドブームで、友人は皆バンドを組んでいたから、「お前ヒップホップなんか聞いてんの?」といわれる具合だ。僕自身、ラップを聴くのは大学一年生の頃から好きだったが、プレイヤーになりたいとは思わず、自分でラップをしたいと考えるようになったのは大学4年の卒業間際。ひとりでヒップホップを聴いている期間が4年もあり、リスナーとしてラップにのめり込んだ時間が長かった。

芸大で芸術や表現に向き合う日々を経て、最終的にラッパーになったのは、ラップなら練習ギライで歌が上手くない自分でもできそうだと考えたからだ。実際に韻を踏んでラップしてみたら爽快で「向いている」と直感した。

一般的に、ヒップホップ文化には、ラップ以外に、ブレイクダンス、グラフィティ、DJの3つの表現方法がある。俗に4エレメンツと呼ばれるヒップホップの構成要素だ。4エレメンツは知っていたがラップ以外には興味がなかった。ブレイクダンスは運動神経が良くないから無理、グラフィティは授業でより緻密な描写表現を体系づけて行っていたからやる気にならず、DJにしても、機材を揃え、レコードを買い、スクラッチを練習するという工程は想像するだけで気が重くなった。ロックが流行っている中、自身も熱心なリスナーであったのにバンドをやらなかったのも、楽器の練習をする気が起きなかったからだ。練習が苦手で、すぐに結果がほしいタイプの僕には、元手がかからず、すぐ取り組めるラップが向いていた。

ラップの表現は自分の知っている埒外のことだらけだった。妄走族ならMCが8人もいること、餓鬼レンジャーなら「この内容をこんなに韻を踏んで表現するのか」と驚くほどの技巧。見るもの聴くことすべてが衝撃的だった。

ヒップホップに満ちている「違和感」が僕の心を揺さぶった。触れるものすべてが自分の知らない新しい表現や常識を打ち破るものばかりだった。

万事に共通するが、どんなに個人的で理解し難い内容であっても、**「自分で発明した歩き方」をしている表現には人の心を動かす力がある**。自分にとってはそれがラップだった。先人の足跡をたどり、ヒップホップの世界の奥に進めば進むほど、もっとこの表現の先を見てみたいという思いが強くなっていった。ヒップホップの魅力に取り憑かれた僕がラップをする側になるのは時間の問題だった。当時感じた強烈な「違和感」はいまでも僕の表現の重要なテーマだ。

クビから始まるサラリーマン

大学を卒業し、フリーターで生計を立てながらプロの漫画家を目指して本格的に執筆を始めた。幼い頃からそう宣言していたのもあって、両親とも僕が漫画家を目指すことに特に反対したりはしなかった。

しかし、いざ本格的に漫画を描き始めると、すぐに飽きてしまった。同時期、ラップも並行して始めており、ラップなら自分の書いたものをすぐに表現できて、ステージに立てばダイレクトに反応を得られることを知ってしまった僕は、ひとりで机に向かって淡々と**漫画を描く作業に退屈を感じてしまった**。

しかも、描いた漫画がすぐに雑誌に載り、単行本になるわけではない。持ち込みをして、出版社に認めてもらい、連載を獲得する必要がある。連載を獲得するだけでも大変なのに、連載を獲得したらそこで終わりではなく、日々迫りくる〆切に追われながら淡々と漫画を描き続けなければならない。その地道な作業を想像して「これは無理だな」と見切りをつけた。

その点、**ラップは結果が出るまでがとにかく早かった**。ステージでラップしたら、それだけでもうラッパーだ。漫画に置き換えたら、ひとコマ描いた瞬間に雑誌に載るようなスピード感。でも、実際漫画だとそんなことはあり得ない。漫画を描き続けることは僕の性分的に無理だった。

ラッパーとして生きていくことを決めたものの、すぐにラップで食えるワケもなく、アルバイトもしたし、30前には一般企業に就職した。**最初の会社はクビになった**。決められたルーティンをひたすらこなす仕事だったのだが絶望的に向いておらずミスを連発した。完全に自分に向いていなかった。でも、「俺にはラップがあるしな」と気にもしなかった。

退職後は塾で働いた。講師ではなく教室長として、進路指導や入塾生の面接を行う塾の営業、マネジメント部門に勤めた。人と接するのはルーティンではなく、「どうすれば成績が上がるのか」「他の塾より生徒を増やすには」という目の前の課題に対して、データを分析して、実際に行動に移すことは面白かった。

週5〜6日、フルタイムで働いていたが苦ではなかった。名古屋のラッパーは基本的に昼間は別の仕事をしている。名古屋でラップ一本でメシを食えている人なんてほとんどいない。昼間は仕事して、夜は音楽というのが当たり前で、自分もそのひとりだった。

昼間の仕事とラップの両立の日々は忙しかったが、ラップのモチベーションは高かった。制作に捻出できる時間が限られてくるから、少しの空き時間を見つけて、集中してリリックを書いたり、常に頭が回っている状態だった。

逆に全部の時間をラップやアーティスト活動に費やせるいまのほうが、ダラっとしてしまっている。

次第にラッパーとしても忙しくなってきて、週末のライブのギャラが昼間の仕事の給料を上回り、昼間の仕事を辞める決意をしたのが33歳のとき。

いま思えば、昼間の仕事にしがみついていなかったのが良かったのだろう。かといってラップにもしがみついてはいなかった。ラップにしがみついて、ラップでしか生活したくないと自分を縛るから、良からぬ仕事に手を出してしまったりもする。そういう人間を少なからず見てきた。僕はどっちもバランスを取ってるから、疲れなかったし、間違った方向にも進まなかった。

サラリーマンがどれだけハードな仕事をしているかを身に沁みて感じることができたのはいい経験だった。自尊心を踏みにじられることも多いし、割に合わないこともたくさんある。それを生活の糧にしている人はリスペクトに値する。

でも、僕はサラリーマンではない道を見つけた。見つけられたことの自信と、だからこそ「自分の立場だからできることをやらないと」という意識でラッパーとして生きている。

売れるまで10年、下積みは0秒

昼間の仕事を辞めて、**ラップだけで家族を養えるようになったときにはすでに33歳だった**。しかし、ラップを始めてからそれまでの10年ぐらいの期間が、下積みだとは思っていない。だから、**自分の下積みの時間はゼロ秒**だといえる。

「ラップだけで生活できてない時期も、それがラップのためだから、下積みではない」という観念的な話ではない。いわゆるラッパーの下積み生活としていわれるような、ノルマを払ってライブに出たり、ノーギャラでライブに出たりした時期が、かなり短いのだ。活動を始めてから半年ぐらいはそのような時期もあった。ただ、ラップを始めたばかりの素人だから、それは当然のことで下積みという認識ではない。

僕は客観的に見てラップが上手かった。すぐにノルマやノーギャラでライブをすることはなくなった。ラップがある程度上手いという素質に加えて、ただライブをやるのではなく、どうすれば聴いてもらえるかパフォーマンスについてはよく考えた。

例えば若手のときは、持ち時間10分の3曲だけのようなショット・ライブが多いから、とにかく印象に残る攻めの曲を作って、それを矢継ぎ早に展開して観客を驚かせた。

特に、若手のときに出ていたライブは、小箱で演者も客もほとんど同業者みたいな場所が多かったから、いかに同業者に食らわせるかを考えていた。男ばかりの現場なら、ラブソングよりもタフな楽曲のほうが届くなど、状況を把握してライブすることを考えていた。

それが作用してか、名古屋では毎週のように色々なライブに呼ばれるようになった。だから、色々と試行錯誤して頑張ったのは最初の半年で、以降は色々なライブから声がかかるようになり、勝手に転がっていった。

音源で売れたわけでも、メディアで注目されたわけでもないから、全国的には無名だったが、名古屋の中では名前が売れ始めた。しかも、なまじ全国に呼ばれた結果、客がまったく入らないという屈辱的な思いをすることもなかったから、自尊心をくじかれることもなかった。

東京や他の土地から名古屋に来る有名なラッパーに対して、自分は表現の面で負けておらず、単に**まだ世間に見つかっていないだけ**だと確信していたから、彼らに対するコンプレックスはなかった。

実際にサラリーマンを辞めたのは33歳だったが、20代の後半から、自分ひとりでメシを食うぐらいはアーティストとしてのギャラで成り立っていた。家族を食わせられるようになったのは33歳だが、それ以前から無理してラップで生活をしようと思えばできていた。

名古屋を飛び越えて全国的に人気があるわけではなかったが、名古屋のアンダーグラウンドのレベルではずっとトップの一角にいた。

とはいえ20歳そこそこでブレイクするような、いまの若いラッパーよりは時間がかかったのはたしかだ。1stアルバム『13shit』（2009年）を出したのも26歳の頃。いまのアーティストからすると遅い部類だろう。

アルバムを出したら生活が変わると思っていたが、メディアからはほぼ無視されている状態が続き、拍子抜けだった。「メディアに取り上げてもらい露出しなければ」という焦りはなく、ちゃんと判断できないメディアに対する怒りが強かった。

遅咲きだったことは僕にとってはマイナスではなかった。世の中の右も左も分からないで売れてしまうことで仕事に忙殺され自分をコントロールできなくなることもなく、売れて名前と顔が世間に認知されることで、何の遊びもできなくなるようなことがなかった。ゆとりを持った状態で日々の活動に集中できたことは自分にとってはラッキーだった。

転機はUMB2014

フリースタイルMCバトルの大型大会「B BOY PARK 2010」の東海予選突破、「ULTIMATE MC BATTLE 2011」の名古屋予選準優勝および全国本戦への出場など、2010年頃から徐々に全国大会に出る機会が増え、名前が売れてきた。しかし、当時はヒップホップ冬の時代で、いまほどMCバトルは注目されていなかった。

そのうえ、MCバトルを見ているのはヒップホップリスナーの中でも一部のマニアで、多くのリスナーは無視か、MCバトル出場者を軽んじている時期だった。さらにいえば、「バトルMC」という言葉は、音源のリリースにたどり着けずにMCバトルに血道を上げるしかないラッパーを指す侮蔑的なニュアンスが込められていた。

僕は音源をリリースしていて、ライブも精力的に行っていたからそう呼ばれることはなく、バトルMCは眼中になかった。バトル専門のラッパーは僕と同格の「アーティスト」

だと思っていなかった。

当時は、ほとんどのMCが韻を踏むことだけに夢中で、コミュニケーションとして成り立っていないバトルも多かった。とにかくライミング重視でラップの内容が練られていない。いいたいことが伝わらない。

そんなありさまだから、僕は「MCバトルシーン」に軸を置いていなかった。出る場合でも、自分で参加費を払うのは一定以上の賞金が出る大きな大会のみで、普段はギャラを払ってくれるライブとセットの場合のみライブのおまけとして出ていた。

とはいえ、MCバトルに出るようになってから、リスペクトする人との出会いや僕の人生を変えるできごとがあったのは事実だ。中でも「UMB2014 GRAND CHAMPIONSHIP」でのR-指定戦は一躍僕の名前を大きくした。僕は2011年と2012年に全国大会に進出しており、2014年は3回目の全国大会だった。対するR-指定はその年に全国3連覇という記録がかかっていた。チャレンジャーの僕が絶対王者に噛みつく構図。ベスト8を賭けた試合で、ついにR-指定とぶつかった。

R-指定は韻をテクニカルに踏むスタイル、**僕は韻にこだわらず、えげつない言葉をぶ**

つけるスタイルだった。名古屋を代表するラッパーTOKONA-Xの名曲のラインを引用し、言葉の巧みさで会場を沸かせるR－指定。僕は「俺に噛みつくには100年早え」「俺には敬語を使って話せ」とR－指定の心を折る言葉を容赦なく浴びせ続ける。勝敗を決める観客の反応、審査員のジャッジはかなり拮抗していた。いまだに「延長戦をすべきだったんじゃないか」「誤審だったんじゃないか」と語り継がれるほど、僅差の接戦。壮絶なパンチラインの応酬を制したのは、R－指定だった。

僕は負けた。しかし、あのバトルで僕に対する世の中の評価が上がったのは間違いない。重要なのは、勝敗を超えたところで自身の評価が上がる経験をしたことだ。R－指定はその大会を最後に一度、MCバトルシーンから卒業した。この一戦を機に僕の時代が到来した。

当時は「BAZOOKA!!! 高校生RAP選手権」がスタートしていて、ティーンを中心にMCバトルに注目が集まり始めた時期で勢いがあった。僕が一歩抜き出たタイミングとMCバトルシーンの盛り上がりが噛み合い、舞い込む仕事の量は明らかに増えた。

「UMB2014」を皮切りに全国各地のMCバトルに呼ばれ、それが生活の糧になった部分は大いにある。

ただ、はっきり断っておくが、どこまでいっても自分はバトルMCではない。MCバトルは僕の本業ではない。だから、負けても悔しさはなく、勝ったらラッキー程度の話だ。それはバトルシーンが大きくなって、優勝賞金の桁が増えたいまでも何ら変わらない。リスペクトがないわけではない。恩は感じている。僕の場合、軽く考えていたほうが上手くいくのだ。いまさら色気を出したところで勝率が上がるわけでもない。

僕にとって、バトルは**アーティスト活動の「余技」**でしかない。僕の本質はMCバトルにはないのだ。

ひとり勝ちじゃつまらない

MCバトルで優勝を重ねるにつれ、いつしか絶対王者と呼ばれることが増えた。しかし、だからこそ、**ひとり勝ちは面白くない**と実感している。

ひとりだけが勝ってる状況は退屈だ。アーティスト業界で本当の意味の「勝者」はかなり少ない。どの業界も景気が悪いし、調子のいい話もほとんど聞かない。

特にヒップホップ業界からは「売れた」と誰もが認めて、実際にふところが潤っているアーティストが登場しにくくなっている。長く業界にいるから分かるが、これはヒップホップシーンに限った話ではない。売れている人が増えたら、業界の景気が良くなるのは間違いない。ヒップホップシーンから色々な才能が現れて、TVやCMなどより広い場所で注目されるようになれば、それを契機にしてより良いサイクルが生まれるのは少し考えれば誰でも分かる。

僕は誰かをフックアップしようというつもりはない。でも、自分がいま注目を集めていることをキッカケにして、新たな才能が登場すればば面白い。僕を踏み台にすればいい。それなのに「売れやがって」と妬んだり、ヘイトする人が多すぎる。そういう話を聞くたび、彼らの狭量な考えにウンザリする。

誰かが売れることで誰かが損することは、ヒップホップやアーティスト業界においてはほぼない。

例えば僕が名古屋を起点にして売れることで、同じ名古屋のアーティストが損をするということはない。よく「パイの奪い合い」と表現されるが、本当に奪い合う必要があるのか疑問だ。

たしかに、パイが小さいまま同じパイを食べ続けたら、いずれ奪い合いになる。そうではなく、その**パイを大きくすれば良い**。そうすれば奪い合いにはならない。パイの面積が大きくなれば、当然そのパイを食べられる人が増える。「パイが奪われた」と思うやつは、どこまでが自分のパイか正しく認識できていないか、パイにありつく努力をせずに、パイを食べている人を見て嫉妬をしているだけではないだろうか。大前提として、パイを食べる権利は万人に与えられるものではない。

ただ、「席」には限りがある。例えば「UMB」では、名古屋予選から全国大会に進出するのは毎年ひとりだと決められている。そのように物理的に「席の数」が決まっていることはある。

「UMB」に僕が出なくなった理由のひとつがそれだ。僕はもう名古屋や東海地方の予選を何度も勝ち抜いていて、他の大きな大会でも頻繁に優勝している。そうすると、いまさらバトルの大会で勝ち星を増やしたところで、もう自分の冠は増えない。

冠を増やすことに労力を割いて、何度も座ったイスに固執するのは、何の意味もない。その席は、誰か新しいラッパーや冠が欲しいラッパーが狙ったほうが明らかに健康的だ。「呂布カルマがまた勝った」では、僕にとってもリスナーにとっても、何の刺激にもならない。

「UMB」の地方代表の席に新しい才能が座り、席をめぐり競争して新しいスターを生むというサイクルが絶対に正解だ。

ラップ以外の活動でも、パイを大きくすることは意識している。例えば、僕のYouTube

は、ライブ配信をベースにしており、僕の配信をもとに切り抜き動画を作ってる人が多数いる。別に切り抜きを禁止していない。もちろん、切り抜き動画の製作者と話し合って、収益のパーセンテージを決めているが、お互いに同意があれば切り抜き動画を作ることは許可している。無断転載でなければ、僕にデメリットはない。

公式チャンネルのオーナーである僕がYouTubeの更新を止めると、彼らの食いぶちを奪うことになるから、適当な頻度で更新するようにしている。

これは「優しさ」ではない。**すべて自分のため**でしかない。

パイが大きくなれば自分の食べられる箇所が増える。景気が良くなれば自分に恩恵が返ってくる。だから正のサイクルの仕組みを理解して**循環させることが大事**だ。

他人に利することが、結果的に自分の利益になることは珍しくない。なにが自分の利益になるかを理解して、つまらない嫉妬心を捨てることが重要だ。

40歳、一番大切なのは家族

40歳を迎えた現在、**最も興味があるのは、自分の子どもの成長**だ。家族、とりわけ子どもへの興味が一番大きい。子どもはまったく遠慮なく愛情を注げる存在だ。もはや依存に近い。依存の対象となる存在はなるべく少ないほうがいい。しかし、子どもを愛でたい欲求からはどうしても逃れられないようだ。

そもそも欲望全般が強くないほうだが、子どもに対する愛情は強い。「**子どもを幸せに育てたい欲**」が欲望の大半を占めている。

でも、子どもは成長すればあっちから勝手に離れていく。友達の子どもを見ていると痛感する。子どもの頃の僕もそうだったから、覚悟はしている。

だから、いずれはしっかり子ども離れをしないといけないと思っているが、いまは一番、子どもが愛しくてしょうがない時期だ。子どもも素直に僕を頼ってくれる年齢。共依存状態とはこのことだ。「なのに向こうはいつかしれっと離れていくんだなあ……」と考えると恐ろしい。

その感情はどこにでもいる普通の父親と変わらない。最近では「いつかは離れるけど、そのうち孫を連れてきてくれる」と長い目で考えて心の健康を保っている。

とはいえ、仕事で外出していて家にいないことも多く、僕は家庭の実務的なことができていない父親だろう。

でも、そういうやつには、それをちゃんとケアしてくれるありがたいお嫁さんがつくものだ。とてもお世話になっているし感謝している。僕が世話をかけてばかりだが、妻も僕の世話をしたいのだ。そういうと怒られるから普段はいえないが。

だから、好き勝手やっている僕だが**妻にだけは怒られてもしょうがない**。いまの僕の生活は、愛する家族のおかげで成り立っている。

稼いだ金を地元で使う

地元でウジウジしてるのとはちがう

第４章

呂布カルマ的ヒップホップ論

レペゼン名古屋ではない

東京での仕事が増えたが、いまも名古屋に住んでいる。

名古屋を出る必要性を感じていない。僕の活動にとって、名古屋のサイズはちょうどマッチしている。

全国の色々な都市に呼ばれてライブをしていると、都市によって規模や勢いの差がある。やはり音楽をビジネスにするには、一定以上の規模感は必要だ。お金を払ってくれる組織や人がいないと商売はできない。

名古屋は名古屋内のネットワークだけで経済が循環し、アーティスト活動がギリギリ成り立つサイズだ。だから、東京に進出する必要は感じていない。若い頃から定期的に仕事で東京に行っているため、東京のシーンから取り残されることもなく「東京に出なければ」

と焦ることもなかった。また、名古屋に拠点を置き続けることで「名古屋の呂布カルマ」としてのバリューが生まれる。

名前が全国に広がるにつれて、「呂布カルマといえば名古屋」というイメージは強固になる。

ヒップホップは「どこの誰がなにを話すか」が大事なカルチャーだ。僕の場合、「名古屋を拠点に活動する呂布カルマがなにをラップするか」がひとつのテーマとなる。その意味で、名古屋は自分にとってアイデンティティのひとつで手放すことはできない。

ただ、**名古屋を背負っているわけではない**。ラッパーの世界では地元を代表することをレペゼン○○と表現するが、僕はレペゼン名古屋とはいわない。また、東京は03、横浜は045のように、その都市の市外局番をリリックに織り込むことがラップではよくあるが「名古屋052」といったエリアコードをラップに含めたことは最初の頃を除いてほぼない。活動し始めの頃は、よく意味を考えずに「レペゼン052」といっていた。しかし、活動を重ねていく中で自分が名古屋の本流と異なることを自覚しだした。

そう思い始めたタイミングで、いまも僕の作品をリリースしている「JET CITY

PEOPLE」というレーベルをDJ鷹の目と協力して始めた。イメージの源流は名古屋出身のバンド、ブランキー・ジェット・シティ。彼らは「JET CITY」という架空の街のできごとを歌っているのだが、その街の住人というイメージで「JET CITY PEOPLE」を立ち上げた。

僕の活動拠点が名古屋で、フロム名古屋であることは間違いない。でも、**レペゼンするのは「JET CITY」**だ。

「JET CITY PEOPLE」は多種多様なアーティストが所属しているが、コアメンバーは僕と鷹の目のふたりだ。僕にとって鷹の目はライブDJであり、ビジネスパートナー。頻繁に会い、共にすごす時間が長い。いまだに週に一回はラジオで必ず顔を合わせるが、無二の親友というほど仲良くはない。鷹の目も馴れ合いを嫌うタイプだから、ちょうどいい距離感で支え合っている。

レーベルからリリースしているアーティストに対して「面倒を見てやろう」という気持ちはない。レーベルメイトもそんなことを望んでいない。「JET CITY PEOPLE」は、**はぐれ者が自然と集まった**寄り合い、はぐれ者の作品の吐き出し口だ。僕は天邪鬼だが鷹の目も僕に負けず劣らずへそ曲がりだから、そんなはぐれ者が大好きだ。

何らかの枠に収まり、既存のイメージに沿った表現活動をする人は、いつか既存の枠の中でなにかを表現することができる。一方で、ロールモデルを持たず、既存のものとは異なる表現を追求するはぐれ者はそもそも表現の場がない。自身の内面で蓄積され醸成された感情を、表現物として外に放出することができない。そんなやつらの「表現の排出口」のために僕のレーベルはある。吐き出し口がなかったのは僕も同じだから。

巨大なヒップホップの一部

名古屋をレペゼンしていないのと同様に、ヒップホップに対しても、自分がレペゼンしている、背負っている意識は一切ない。

そう考えるのは、僕が**「名古屋の一部」「ヒップホップの一部」**にすぎないからだ。自分が背負えるほど、名古屋もヒップホップも小さくない。

むしろ、軽々しく背負える人のほうが不思議だ。「ヒップホップやひとつの街は、お前の肩に乗るほど軽くない」といいたくなる。

ヒップホップを背負うということは、受け継がれてきたヒップホップの歴史、先人の功罪をすべて一身に引き受けるということだ。僕には到底できない。

僕と同格以下の人が「背負う」と力強くいい放つ姿をたまに見るが、そんなやつには「俺を背負えんのか?」と聞いてみたい。ヒップホップを背負うならば、当然、同世代のアーティストの全員を背負うことになる。

僕を背負える度量のないやつが、ヒップホップを背負うというのは明らかに矛盾している。もしかしたら深く考えずに、勢いに任せて口から出た発言かもしれないが、表現者としてその考えは致命的だ。


僕は解像度の低い表現を好まない。身の丈に合わないことを考えているやつの言葉は例外なく解像度が低い。僕は不良ではないし、世界で僕ひとりしか味わえないような特別な経験もしていない。視点や見えている景色は、世間一般の人と変わらない。

でも、僕は物事に対して解像度を高く設定して認識している。そうすると物事への理解度が上がるだけでなく、ラップしたいことが自然と心に浮かび上がってくる。


例えばリンゴが目の前にあるとする。ボンヤリ眺めているうちは、ただのリンゴでしかない。しかし、つぶさに観察すれば、色や味、産地、生育環境、樹齢など色々な着眼点とその数の発見がある。

解像度の低い人は、それを単にリンゴとしてしか捉えないし、「リンゴはリンゴだろ?」

と思考を止めてしまう。そうすると、そのリンゴは実は新発見の宝庫かもしれないのに、その輝きに気づけない。

表現手法のひとつとして、大味な表現の魅力ももちろんある。しかし、解像度が低い人の荒い捉え方と、解析したうえで、あえて荒く表現する人は表現の作り込み方の本質的な部分が異なる。僕は「ヒップホップを背負う」という解像度の低い表現はしない。

ヒップホップカルチャーのすべてを肯定はしないが、ヒップホップには大きな恩がある。既存の価値観にとらわれず、むしろ積極的に価値破壊を行うことが求められるこの世界ほど居心地のいい場所はない。

勉強はできず、楽器も扱えなければ、歌も歌えない。ヒップホップに出会うまでの**僕は何者でもなかった。そんな僕が人前で表現活動を行うアーティストとして自立できたのは、ラップのおかげでしかない**。

僕の価値が見出されたのは、僕自身の才能や人間性が評価されたからではない。あくまでもラップのおかげ、**ラップが先だ**。たまたまラップが上手く、僕のラップに価値があったから生計を立てることができている。ラップありきで、ラッパーとして評価されたあとでトークや立ち振る舞いが評価されたのだ。この順序を勘違いすると、だんだんラップが鈍っていく。「俺に価値がある」と誤解するとラップが荒くなる。そうやって勘違いして、どんどんラップが雑になった人は多々いる。

僕がそうだったように、最初はみんな何者でもない。その人の存在そのものが評価されることは極めてまれだ。その人の能力や行動、社会に提供するなにかに価値があるから評価される。それが社会の現実だ。

僕のラップがアートとして優れていたから僕は評価されたのだ。あくまでも、ラップに軸があることを忘れてはいけない。「俺に価値がある」などと傲慢な考えを抱いたが最後、それは終わりの始まりだ。

いまMCバトルに思うこと

現状、ＭＣバトルは誘われているから出ていて、恩のある人がいるから参加しているのが実情だ。普段バトルは一切見ず、フリースタイルもしない。でもそれは当たり前だと思う。

10年以上バトルに出続けて、もう40歳になった。いまだにバトルに夢中になってばかりはいられない。「俺はすごい」「お前はダサい」の応酬には、流石に飽き飽きしている。

とはいえ、生きている中であれだけ勝敗が明確につけられる瞬間はない。試合が終わってジャッジが出るまでは、いまでも膝が震えるぐらい緊張する。観客の歓声で勝ちが決まる瞬間の「麻薬感」は否めない。しかしその程度だ。行けばそれなりに面白いが一生現役でバトルに出たいとは思わない。

僕がバトルから得られるプロップスは、もうすでに取り尽くしている。大会のベストバトルを更新しようが、僕の価値は変わらない。シーンの最高峰のレベルの大会に出ているということは、言い換えれば、それ以上の出会いがないということだ。MCの顔ぶれは数年前から変わらず、いつ出ても新鮮味がない。その中で獲得できる尊敬値はとっくに上限に達している。

僕が負けることで大会の価値が上がることはある。僕を負かすことでプロップスを得るラッパーのほうが多い。僕は勝っても負けても影響がないから、僕を踏み台にするやつはすればいい。

MCバトルシーンへの恩返しの気持ちや他のラッパーがステップアップするための踏み台にあえてなる気持ちはない。でも、シーンや関係者にお世話になったことは事実だ。求められる限りは応えたい。

僕が出続けることがプラスに作用して、シーンがガラッと変わり、興味を持てるようになれば、また僕の態度も変わるかもしれない。

「ダンジョン」は青春の日々

僕のキャリアを語るうえで欠かせないのが「フリースタイルダンジョン」。2015年に放送が始まったこの番組は、ラップバトルを世の中に浸透させ、ラッパーの地位向上に貢献した。

チャレンジャーたちが賞金をかけて5人のモンスターにラップバトルを挑む分かりやすく斬新な内容でブームを生んだ。僕が初めてチャレンジャーとして登場したのは2017年4月の「3rd Season Rec5-6」。そして2017年8月の「4th season」からモンスターに起用された。以降は2020年に番組が終了するまでモンスターとして参加したが、モンスターの時期は遅れてきた青春だった。

これまでの活動の中で、「結束」や「団結」の感情を感じたことがなかった。「JET

CITY PEOPLE」も盟友という関係性ではない。

初代のモンスターをチャレンジャーの立場で見ていた頃、モンスター同士が励まし合ったり、応援しているのが不思議で仕方なかった。「方向性も年代も違うのになぜ結束が生まれるのだろう?」と。

でも、実際に自分がモンスターとして参加して、絆が深まる理由が分かった。モンスターは5人チームで、チャレンジャーという共通の敵に立ちはだかって、般若さんというラスボスを登場させないように結束して戦わないといけない。

番組の構成上だけではなく、精神的にもラスボスの般若さんを親父として、モンスターは兄弟みたいな関係性に自然となっていった。

特にあの時期は地元のレギュラーイベントにもほとんど出なくなっていたから、毎月、ときには毎週顔を合わせるのはモンスターのメンバーだけだったため、余計に関係性は濃くなっていった。

いままで人のバトルで手に汗を握って応援するなんてほぼなかった。誰かと同じクルーで活動するということもなかった。そんな僕にとって、モンスターを応援して自分が出るときも励まされてという体験は人生初のチームプレイだった。

モンスター同士で曲を作るなど、エゴを出す機会があったら各自の譲れぬ部分が衝突したかもしれないが、純粋に「一丸となって敵を倒す」という思いで、バトルに集中できた。生きていて、人のために熱くなる意識を持ったことがなかったから、僕にも熱い感情があることに驚いた。

また、僕はバトルの戦績が良かった。自分の役割が達成できずに悩むことはなく、「ダンジョン」は楽しい思い出ばかりだ。

「ダンジョン」出演は、メディアに出るときの姿勢を考える契機になった。番組では箸休め的に、控え室の模様が中継されるのだが、バトル以外の場面でカメラが回っている状況下で、**コメントを振られたときの立ち振る舞いや切り返し方**を考えた。ラッパー然とするのも面白くないし、天邪鬼だから真面目に答えたくもない。単純にボケたがりな気質に加え、コメントを振られたときにふざけたり、サービス精神を発揮する「ゆとり」が僕にはあった。好き勝手に遊んでいたら周りがそれを楽しんでくれた。それが結果的にいまのメディア起用や仕事の幅にもつながったと思う。

一方で、心のどこかで、いつか終わりが訪れることは気づいていた。「番組が終わったあとでどうなるかがいま試されてる」と意識していたことが、僕の人生を左右した。

「ダンジョンブーム」といわれていたし、「ダンジョン」を見て初めてＭＣバトルに注目した人も多かった。フリースタイルの地位を向上させたことは文句のつけようがないが、結局は東京のいちローカル番組だった。名古屋ですら放送されていない番組だったから、番組頼みでステップアップすることはできないという危機感はずっと持っていた。「**これはただのキッカケで、この先を意識しないといけない**」と一歩引いて見ていた。

その意識が、現在の呂布カルマのメディア起用にもつながっている。「ダンジョン」出演は大変勉強になるいい経験だった。

呂布カルマの完成と引退

引退は考えたことがない。ケガや病気のような、不可抗力があった場合は仕方ないが、自分の意志でアーティスト活動を引退するようなイメージを描いたことはない。

もしも**引退を考えるとしたら、自分で作ったものに自分でワクワクしなくなったとき**だろう。自分で聴いて刺激を受けず、呂布カルマの作品だとは思えないものしか作れなくなったら、それ以上はリリースしないだろうし、それが引き際だろう。しかし、それは僕が決める。他人の指図で辞めることはない。

一方で、ずっと辞めない姿もラッパーの面白さだとも思う。長年、音源をリリースしていないけど、ライブはずっと継続していたり、何年かぶりに急に作品を出して、当時の魅力そのままに圧巻のパフォーマンスをする人もいる。またラッパーの引退宣言はあてにならない。何度も引退宣言して、何度も復帰する人は珍しくない。

根本的な話として、**アーティストに引退という言葉は本来当てはまらない**。

店商売だったら閉店、バンドだったら解散という節目はある。でも果たしてアートに終わりはあるのだろうか。制作していない期間も、アーティストにとっては大事な時間だ。周りからは寝ているように見えても、色々なインプットをしていたり、インスピレーションを待っているかもしれない。

もちろん、なにも考えていない時間もある。物はいいようだが、それも次のクリエイトに対する助走期間といえる。だから停滞しているように見える時間も、本当は止まっていないのがアーティストだ。止まっている、止まっていないという判断自体が不適切だ。

アーティストの引退は、休養という意味で捉えている。あえて引退を宣言するのは、オファーを断ったり、「休みたい」というのがいちいち面倒くさいから「もう誘わないでね」と外部に表明するためのポーズだろう。

僕はまだ非の打ちどころがない完璧な作品は作れていない。リリック単位でいえば理想に近いものはある。『BACKBONE feat.NAIKA MC,MC CARDZ, 呂布カルマ &RITTO』の「骨がへし折れ、肉を突き破り、初めて陽の光浴びるように」から始まる16小節は、完璧に近いリリックだった。まったく無駄のない表現で「いい16小節が書けた」と手応えがあった。

それから、6EYESとのコラボ曲『BANG BANG feat. 呂布カルマ』内の「未だ一度たりとも休むことなく鳴り続ける心臓働き者」というラインは自分のイメージを明確に言語化できた一節だった。

とはいえ、まだ自分の理想の表現は遠く、果たして「完成」するのかはわからない。むしろ、少しづつ完成に近づく過程こそが面白いと感じるようになってきた。また、必ずしも完成が未完成よりも上位の概念だとは限らない。完成とは上限に達しているということだ。伸びしろや受け手が自分の感情を乗せる余白がない。未完の美しさはたしかに存在する。

また、僕にとってラップは「道」だ。茶道や華道と同じように、「ラップ道」だ。外部の時代背景や環境によって変化し、内面の心理状況やライフステージによっても変わっていく。

僕は目的地に向かうために道を歩いているのではない。大まかな方向を定めて、気ままに寄り道しながら自分の歩幅で歩くことを楽しむのが僕の道だ。「完成」を決めないで**自分の目指す方向だけを見て進むのが僕のアート**だ。

これからのモチベーション

いままでラッパーとして活動する中で、嫌な思いを味わったことはない。性格的に嫌な思いをしたらすぐ辞める。特にいまはラップ以外の部分でもメシが食えるようになって、ラップ以外のオファーが増えていて、ラップが一円にならなくても食うにはまったく困らない。だから、これまで以上に雑念がなく自分の表現に向かうことができている。

たとえるなら、所ジョージさんのような姿だ。テレビや他の方面でガンガン儲けているから、もともとのシンガーソングライター業は自分の好き勝手にできるし、作品も実はコンスタントにリリースしている。

自分のラップのモチベーションはライフステージに合わせて変化してきている。**最初は**

「ラップしてみたい」という本当にピュアな気持ちだった。それからライブを重ねる中で、同じ曲をやり続けると、自分が飽きるから新しい曲をレパートリーに増やしたいということがモチベーションになった。

「誰かに自分のメッセージを聴いてほしい」という気持ちはないから、基本的には**自分のことが制作の推進力**。いまのモチベーションは「責任」だ。リスナーやシーンに対する責任感じゃなくて、ビートを託してくれたプロデューサーやトラックメイカーに対する責任。

「これは呂布くん向きだと思います」と渡されたビートや、聴かせてもらって「これいいね。預からせて」とストックしたビートが夏休みの宿題のごとく山積みだ。ビートを渡した人は絶対に覚えているし、ビートに早くラップを乗せないといけないという責任感が、ここ3枚ぐらいのアルバムのモチベーションだ。

自分のレーベルだからリリースの期日もない。アルバムを作ったところで何千万と儲かるわけではない。怠けようと思えばいくらでも怠けられてしまうから、周りの人間への責任感がケツを叩いてくれている。

もらったビートにラップを乗せて、それをビートメイカーに返して、さらにブラッシュアップされてという作業は、単純にとても楽しい。**自分にビートを託してくれた人に、「こ**

んなラップを乗せたよ」と聴かせるときが一番ワクワクする。良いラップを乗せて返すと、それが2倍3倍になってまた返ってくる。その流れがいまの制作サイクルだ。

だから、「ビートメイカーにお返ししたい」「ビートメイカーとセッションしたい」という思いがいまの最大のモチベーションだ。誰も僕にビートを預けてくれなくなって、僕自身もビートに興奮しなくなったら、ラップをするかどうかは正直分からない。

僕にはラップという表現方法が向いている。ラップは「そうありたい」とか「あたかもそうである」ことを歌うアートだ。そして、**リリックで紡いだ言葉は実現されていく**。それは幾度となく実感してきた。

良くも悪くもだが、リリックの通りのできごとが起きた経験は多々ある。それは僕だけじゃなくて、ラッパーなら誰しも感じることだ。

僕がネガティブなことや、未来を悲観するようなリリックを書かないのは、もともとの楽観的な性格に加えて歌詞が現実になることを知っているのが大きい。最近のラップでありがちな、ウジウジした女々しいことを歌わないのも同じ理由だ。僕は女々しい表現が嫌いで、そういう存在になりたくない。

それよりも、ちょっと背伸びしたり、カッコつけた自分、困難に向き合い戦う自分を歌って、自分を磨いていきたい。

自分の根本の問題と向き合って、自我をビルドアップする効能がラップにはある。リリックを書けば書くほど、ラップすればするほど自分を確立させてくれるのが、ヒップホップであり、そこにこだわっていきたい。少なくとも僕は。

呂布カルマ略年表

1983年	兵庫県西宮市で生まれる　大阪府東淀川区で幼少期を過ごす
2000年代	中学時代に名古屋に引っ越す　高校時代に妄走族にハマる
2004年	ラッパーのダースレイダーにデモテープを送る
2005年	名古屋芸術大学美術学部　卒業 フリーターをしながら、漫画を描く日々
2005年	ヒップホップクルー「BALLARS」の新人発掘イベントでライブデビュー
2007年	MCバトルの大型大会UMB名古屋予選で活躍し話題に
2009年	1st Album「13shit」リリース
2010年	DJ鷹の目と、自身のレーベル JET CITY PEOPLE を設立
2015年〜	各種 MC バトルで準優勝・優勝を重ねる
2017年	「フリースタイルダンジョン」（テレビ朝日）2代目モンスター就任
2023年	FREE STYLE LEAGUE ランキング1位（2023年5月現在）

TIMELINE

公式 YouTube チャンネル
呂布カルマ沼

ALBUM

【アルバム】

2009年1月 「13 shit」
2010年8月 「四次元 HIP-HOP」
2011年8月 「STRONG」
2014年5月 「The Cool Core」
2018年5月 「SUPERSALT」
2021年6月 「Be kenja」

TV

【2023年 主な TV 番組レギュラー】

歩道・車道バラエティ
道との遭遇（CBC） レギュラー

正解の無いクイズ（テレビ東京） レギュラー

バラいろダンディ内
ミニドラマ 「MR.FLUSH」主演

堀潤モーニング FLAG（東京 MX） コメンテーター

ATTLE

主な 優勝歴

MC バトルとは……

決められた時間内でラッパー同士がフリースタイル（即興）でラップを披露し合い、お互いのスキルを競う戦い。

2015 年　戦極 MCBATTLE 第 12 章

THE 罵倒 2015 GRAND CHAMPIONSHIP

SPOT LIGHT 2015

2016 年　LIVERARY LIVE "RAP"Y in 森道市場 2016

2017 年　LIVERARY LIVE "RAP"Y in 森道市場 2017

2018 年　KING OF KINGS GRAND CHAMPIONSHIP 2018

SPOT LIGHT 2018

ENTER MC BATTLE

2019 年　ADRENALINE FINAL 2019

LEGARIZE MCBATTLE Stage-1

MC B

2020年 凱旋MCBATTLE冬の陣

ADRENALINE 3on3 MC BATTLE

真ADRENALINE杯夏の陣

KING OF KINGS
GRAND CHAMPIONSHIP 2020

戦極MCBATTLE第14章× As ONE

戦極東海猛丸祭2 3on3新春スペシャル

2021年 戦極MCBATTLE第24章　日本武道館公演

戦極vs凱旋MCBATTLE 2021夏ノ章

凱旋MC BATTLE PIT Tour仙台公演

ULTIMATE MC BATTLE 2021
THE CHOICE IS YOUR

2022年 真ADRENALINE新生BATTLE外伝編

2023年 凱旋MC battle
NORTH JAPAN TOUR2023
at.Zepp Sapporo

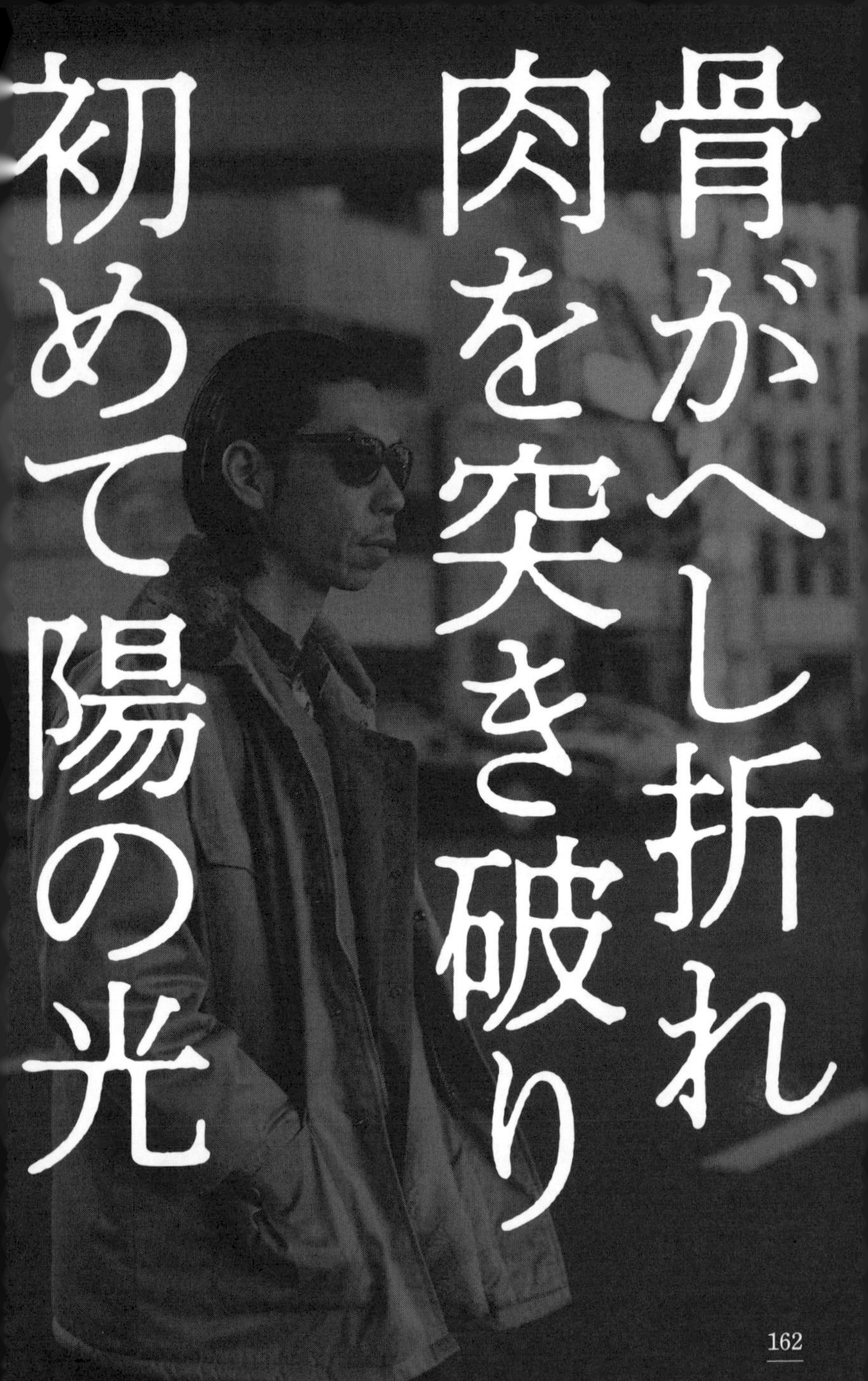

骨がへし折れ肉を突き破り初めて陽の光

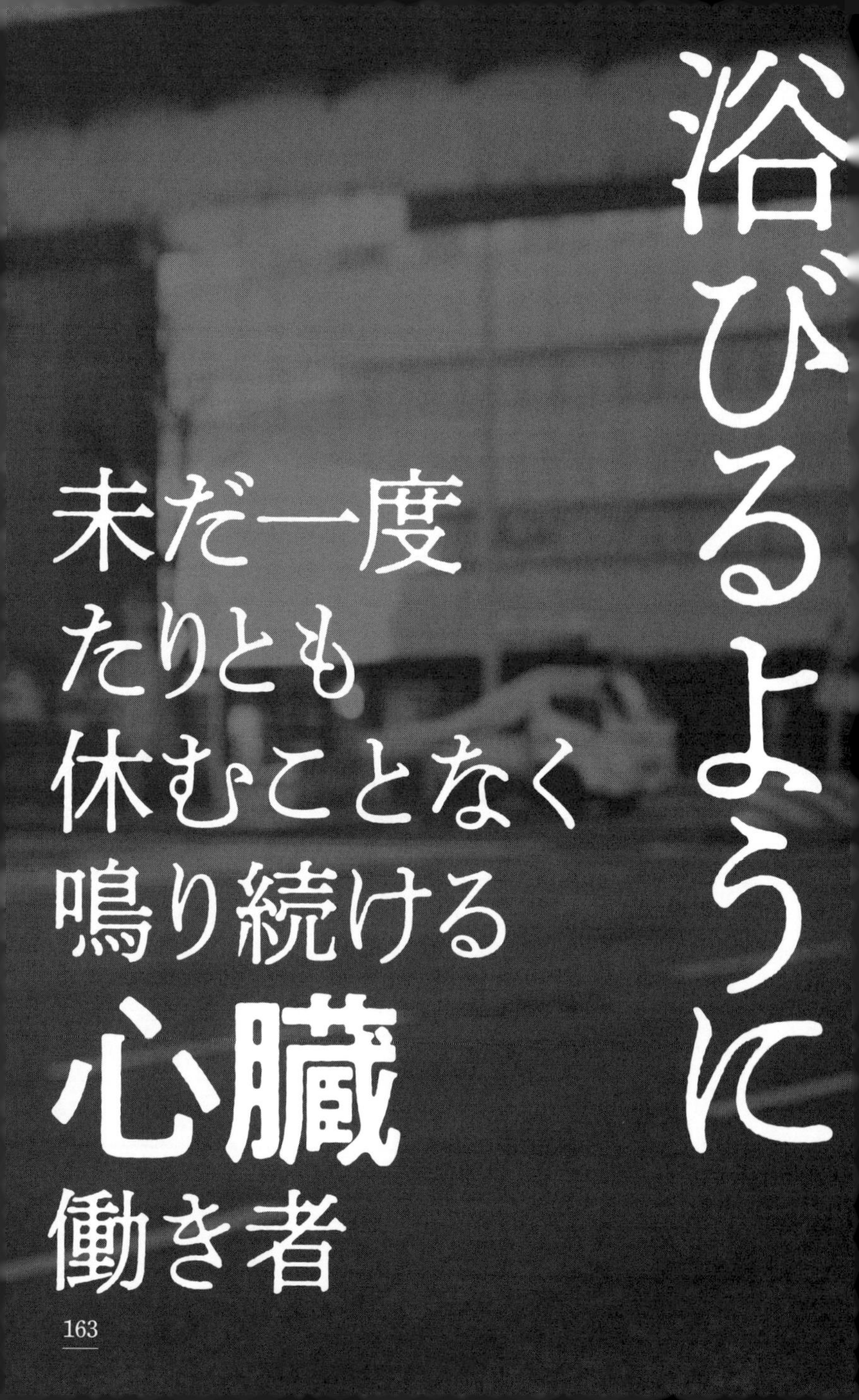

浴びるように

未だ一度
たりとも
休むことなく
鳴り続ける
心臓
働き者

人

ブレ

BURE

STAFF

ブックデザイン　加藤京子（sidekick）

写真　菅 慎一

協力　高木 "JET" 晋一郎

編集　志賀智行

呂布カルマ

1983年1月7日、兵庫県生まれ。ラッパー。本名は三嶋裕也（みしま・ゆうや）。2010年にDJ鷹の目とともに自身のレーベル・JET CITY PEOPLEを設立。2017年から2020年にかけてテレビ朝日系「フリースタイルダンジョン」に出演。2022年、ACジャパンのCMに出演し話題になる。現在はバラエティ、ドラマ、CMなどラッパーの枠を超えて活動の幅を広げている。2023年までに6枚のアルバムを発表。

ブレん人

2023年6月18日初版発行

著者　呂布カルマ
発行人　相澤 晃
発行所　株式会社コスミック出版
〒154-002 東京都世田谷区下馬6-15-4
代表　TEL：03-5432-7081
営業　TEL：03-5432-7084
FAX：03-5432-7088
編集　TEL：03-5432-7086
FAX：03-5432-7090
http://www.cosmicpub.com/
振替　00110-8-611382

ISBN　978-4-7747-9287-3 C0095
印刷・製本　株式会社光邦